Für meine Familie

Dörfers Kinder
machen ihren Weg!

Das hier ist eine Geschichte,
nicht irgendeine Geschichte,
sondern unsere.
Vieles davon ist wirklich geschehen
und einiges erfunden.
Ja, so ist das mit der Fantasie!
Wer soll sich da noch auskennen?

Dörfers Kinder

Vier Geschichten

1.	Vom Selbstvertrauen	Seite 9
2.	Vom Gackern und Gackernlassen	Seite 33
3.	Vom Gestern und Heute und der Tierliebe	Seite 59
4.	Vom Unglücksraben und Glücksschweinchen	Seite 87
	Vom Danken	Seite 121
	und vom Sprücheklopfen	Seite 122

Die Geschichte vor der Geschichte

Mama erzählte von Uroma Trin:

„Uroma Trin war eine der tüchtigsten Bäuerinnen bei uns im Dorf. Sie hatte keine Angst. Vor nichts und niemand! Und sie konnte alles! Egal, was zu tun war, Trin zögerte nicht, sondern packte an. Und sie konnte dreschen, dass es eine wahre Pracht war. So wurde sie von allen Bauern im Dorf gebeten, beim Dreschen zu helfen. Trin half gern und schlug so fest mit dem Dreschflegel auf die Getreidehalme, dass die Körner nur so heraussprangen.

Eines Tages kam sogar ein Bauer aus dem Nachbardorf und bat sie um Hilfe. Natürlich half sie auch hier. Als sie spät abends, nach getaner Arbeit, heimging, wurde es schon dunkel. Der Weg war weit und führte durch dichten Wald.

Da, ein Geräusch! Trin merkte auf und lauschte. Ganz in der Nähe war ein langgezogenes Geheul zu hören.

„Huuhuu, huuhuuu." Und noch einmal ertönte es: „Huuhuu, huuhuuu." Was war das? Eine Eule oder ein Kauz?

Da schwebte im Mondlicht ein Gespenst vom Baum herab, ein anderes berührte sie an der Schulter und glitt an ihrem Arm entlang. Ohne lang zu zaudern, hob Trin den Dreschflegel und schlug zu. „Aua, auweh, aufhören", schrie das Gespenst. „Au weh, Triiin! Triiiiiin, hör auf, uns zu verdreschen", erklang eine andere Stimme, „wir sind es bloß!" Trin hielt inne, denn diese Stimmen kannte sie. Sie gehörten Burschen aus dem Dorf. „Wir wollten dich, als Gespenster verkleidet, nur etwas erschrecken, aber du lässt dir ja keine Angst einjagen", jammerten sie und hielten sich die schmerzenden Arme und Beine, die Trin mit dem Dreschflegel getroffen hatte.

„Seht ihr", sagte Trin, „wer anderen eine Grube gräbt, fällt selbst hinein."

Schaut euch mal das Bild an, so sieht ein Dreschflegel aus.

1. Vom Selbstvertrauen

Und das sind wir

Verflixte Blagen oder Dörfers Kinder – je nachdem, was wir angestellt hatten, nannten sie uns mal so oder so im Dorf. Eigentlich hießen wir Siggi, Franzi, Hannes, Stahle und Alfred. Ich hieß Biggi und heiße heute auch noch so. Wir lebten alle zusammen in unserem Dorf Lütringhausen. Bei uns gab es viele Wiesen und Wälder, Berge und Bäche. Und das war auch gut so, denn so konnten wir dort überall spielen. Wir spielten auch gern auf dem Bauernhof von meinem Onkel Franz, im Stall und in der Scheune.

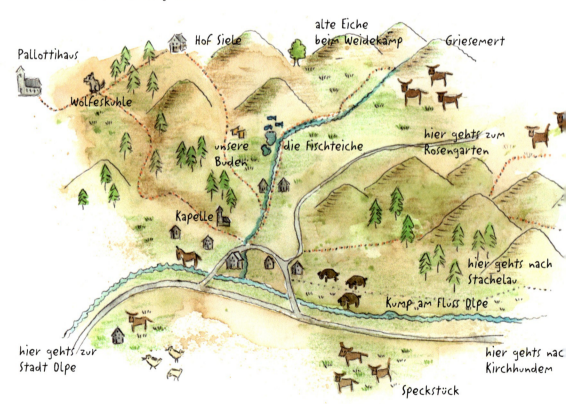

Unser Dorf Lütringhausen

Hannes und ich sind Geschwister. Siggi und Franzi auch. Wir sind miteinander verwandt, wie so viele in unserem Dorf miteinander verwandt sind. Irgendwie kannte jeder jeden, und das war schön. Nicht schön war, dass jeder alles über jeden wusste und sogar noch besser wusste, als derjenige selbst. Deshalb waren Geheimnisse wichtig.

Hannes und ich lebten mit Mama und Papa in unserem Haus, das Papa selbst gebaut hatte. Wir hatten einen großen Garten mit vielen Apfelbäumen und leckeren Erdbeeren und nicht so leckerem Grünkohl. Nicht weit weg stand der Bauernhof von Onkel Franz. Da wohnten er und Tante Moni, Oma, Siggi, Franzi und die ‚Kurzen'. Das waren drei kleine Geschwister. Sie waren noch zu klein, um mit uns zu spielen. Und da lebte Arno, der weltbeste Hund, Zelli, das Pferd, und Pulli, die ängstliche Katze. Viele Kühe, Kälbchen und neugierige Hühner tummelten sich dort auch herum.

Das bin ich, Biggi ...

... und das ist Siggi.

Die anderen Kinder lernt ihr später kennen.

Das Abenteuer mit dem Floß

Die vier Brüder Udo, Wolle, Erni und Rudi lebten auch im Dorf. Da diese vier alle anderen im Dorf ständig ärgerten, hatten sie den Spitznamen ‚Beneken-Böcke' bekommen. Eines Tages taten sie aber etwas, das im ersten Moment gar nichts Ärgerliches an sich hatte.

„Wir schenken euch ein Floß", sagten die Beneken-Böcke ganz großzügig zu uns, „das haben wir selber gebaut. Damit könnt ihr auf dem Fluss fahren!" Dabei zogen sie ächzend ein Floß durchs Gras hinter sich her.

„Ihr wollt uns was schenken?", fragte ich erstaunt. Ich konnte mir einfach nicht vorstellen, dass die Beneken-Böcke uns ein Geschenk machen wollten, und sagte noch: „Das glaube ich nicht!"

Wolle machte ein beleidigtes Gesicht. Udo, Erni und Rudi auch. Vier beleidigte Gesichter, eines noch beleidigter als das andere.

Siggi sagte: „Sonst ärgert ihr uns immer!!! Wie können wir euch da glauben, dass ihr uns plötzlich ein Geschenk machen wollt?"

„Entweder ihr nehmt das Floß oder ihr lasst es liegen – ist uns doch egal", murrte Wolle. Dann legten die Beneken-Böcke das Floß einfach hin und hauten ab. Tja, und da lag das Floß nun mitten auf der Wiese.

„Hm, was haben die Mädchen wohl vor?"

„Ein Floß gehört ins Wasser und nicht ins Gras", sagte ich nachdenklich zu Siggi. Wir schauten uns an, dann grinsten wir und sagten gleichzeitig: „Wir machen eine Floßfahrt!"

Ausgerechnet jetzt fiel mir ein, was Mama dazu sagen würde. Sie würde sagen: „Kinder, lasst das, ihr habt nur Unsinn im Kopf!" Aber konnte Mama das überhaupt wissen? Vielleicht war da ja auch mehr drin, in unserem Kopf, und nicht nur Unsinn. Vielleicht auch etwas Gescheites. Und ist es vielleicht nicht gescheit, ein Floß ins Wasser zu lassen?

Vom Selbstvertrauen

„Das kann nicht gut gehen!"

„Wir brauchen ein Paddel!"
„Und eine Leine!"
„Hohe Gummistiefel brauchen wir auch, unsere eigenen sind zu kurz für das tiefe Wasser, die reichen uns nur bis zur Wade."

Paddel und Leine fanden wir in Papas Werkzeugkeller. Ob wir uns die hohen Gummistiefel von Onkel Franz ausleihen durften? Denn die reichten uns bis zum Knie. Wir wussten, dass Onkel Franz es gar nicht gern hatte, wenn wir Unordnung in seine Sachen brachten. Er sagte immer, dass wir uns alles ausleihen dürften, es aber wieder an seinen Platz zurückstellen müssten. Gummistiefel an ihren Platz zurückzustellen, sollte nicht so schwer sein, also liehen wir sie aus.

„Wie wollen die Mädchen wissen, ob sie mit dem Floß fahren können, wenn sie es nicht versuchen?"

Wir zogen das Floß in die Olpe. So heißt der Fluss, der sich durch Lütringhausen schlängelt. Dann kletterten wir auf das Floß und stießen uns ab. Hui, das machte Spaß! Bald schwankte das Floß von einer Seite zur anderen. Das war lustig. Noch lustiger war es, wenn wir dabei nur auf einem Bein standen. Das war nicht leicht und immer, wenn wir uns dabei anschauten, mussten wir lachen. Wir konnten gar nicht mehr aufhören zu lachen. Schon bald lag das Dorf hinter uns.

Dann aber geschah etwas Unerwartetes. Ein Felsen ragte in den Fluss, der Fluss wurde dadurch schmaler, das Wasser floss schneller und riss das Floß plötzlich mit sich. Dabei drehte es sich und wirbelte wild herum. Wasser spritzte auf und wir wurden nass. Da machte unsere Fahrt gar keinen Spaß mehr und wir bekamen Angst. Auf einem Bein konnten wir schon lange nicht mehr stehen. Wir hockten ängstlich auf Händen und Knien, als das Floß plötzlich in zwei Teile zerbrach – **krach!**

Wir stürzten ins Wasser. **Platsch!**
„Ahhh, ist das kalt!"
„Eiskalt!!!"
„Hast du dir weh getan?", bibberte ich.
„Überhaupt nicht", schlotterte Siggi, „und du?"
„Nein, aber wir sind von oben bis unten klatschnass."
„Das gibt Ärger zuhause!"
„Oh ja, sehr viel Ärger!"
„Weißt du was? Wir erzählen es einfach keinem!"
„Ja, das bleibt unser Geheimnis!"
„Ehrenwort?"
„Ehrenwort!"

„Das konnte ja nicht gut gehen. Hab ich's nicht gesagt?"

„Was nass ist, wird auch wieder trocken!"

In einem Dorf etwas geheim zu halten ist gar nicht so einfach. Erstens mussten wir unbemerkt ins Dorf zurück und zweitens ungesehen ins Haus kommen.

Mit Wasser in den Stiefeln stapften wir gegen die Strömung zurück und zogen die beiden schweren Floßteile hinter uns her. Das war ziemlich anstrengend! Uns war die Lust an Floßfahrten gründlich vergangen.

Endlich kamen wir an. Niemand hatte uns gesehen. Heimlich brachten wir alles Ausgeliehene an seinen Platz zurück. Vorsichtig versteckten wir die Floßhälften hinter der Scheune. Auf Zehenspitzen schlichen wir durchs Haus zum Kinderzimmer und zogen uns mucksmäuschenstill trockene Sachen an. Niemand hatte uns entdeckt! Und wir würden es niemandem erzählen! Nie! Nun hatten wir zwei ein großes Geheimnis!

Vom Selbstvertrauen

Gegen Abend gingen Onkel Franz und Tante Moni zum Melken in den Stall. Wie immer gingen wir mit, um zu helfen und die Kälbchen zu füttern. Dabei taten wir so unschuldig, als sei überhaupt nichts geschehen. Aber das half uns nichts.

„Verflixt nochmal!!!"
Denn schon hörten wir die wütende Stimme von Onkel Franz.

„Wie kommt das Wasser in meine Stiefel?", schimpfte er und hüpfte dabei auf einem Bein.

„Wer war das? Wer hat Wasser in die Stiefel gegossen? Wenn ich den erwische, der kann was erleben!!!"

„Oje", flüsterte ich und schluckte, „wir haben vergessen, das Wasser aus den Stiefeln zu schütten."

„Was machen wir denn jetzt bloß? Am besten verstecken wir uns."

„Nix wie weg!"

In dem Augenblick kam Mama zum Milchholen auf den Hof und entdeckte uns.

„Na, Mädchen, habt ihr etwas ausgefressen? Ihr seht ja aus, als hättet ihr etwas zu verheimlichen."

Warum nur wusste Mama immer sofort Bescheid, ohne dass ihr irgendjemand Bescheid gesagt hatte? Verlegen blickten wir uns an und drucksten herum.

„Na, was ist?", fragte sie. „Raus mit der Sprache!"

„Streng geheim – von wegen."

Zögernd erzählten wir Mama alles. Sie hörte ganz ruhig zu. Dann ging sie in den Stall, um mit Onkel Franz, ihrem Bruder, zu reden. Sie blieb lange weg. Kein gutes Zeichen. Aber als sie wiederkam, musste sie sich das Lachen verkneifen. Das war ein gutes Zeichen.

Sie sagte: „So, ihr beiden, jetzt kommt mal mit in den Stall und erzählt dem Franz eure Geschichte noch einmal. Und vergesst nicht, euch für das Wasser in den Gummistiefeln zu entschuldigen!"

Also sollten wir das, was wir unbedingt geheim halten wollten, zum zweiten Mal erzählen.

„Übermut tut selten gut."

Mit schlechtem Gewissen gingen wir mit in den Stall. Es fiel uns schwer. Noch viel schwerer fiel es uns, alles nochmal zu erzählen. Am Schluss sagten wir:

„Wir haben das Wasser nicht mit Absicht in die Stiefel gefüllt, es ist hineingelaufen, als wir ins Wasser gefallen sind."

„Wir haben einfach vergessen, es auszukippen und dir Bescheid zu sagen, es tut uns leid."

Onkel Franz schaute uns an, die zornig zusammengekniffenen Augenbrauen verschwanden langsam, er verzog den Mund zu einem amüsierten Grinsen und dann lachte er laut auf. Befreit lachten wir mit ihm. Jetzt war alles wieder gut.

„Aus Erfahrung wird man klug!"

Das sind Franzi und Alfred...

Unsere Hütten im Wald

Franzi, Hannes, Stahle und Alfred bauten eine Hütte im Wald von Onkel Franz. Für die Rückwand aber fehlten ihnen noch Bretter.

„Hört zu", rief ich, „wir haben ein Floß! Das ist zwar zerbrochen, aber aus den beiden Hälften lässt sich eine Rückwand bauen!"

„Oh, toll, das machen wir", jubelten die Jungs.

Wir packten alle mit an und banden die Floßteile mit einem dicken Seil zusammen. Dann zogen wir sie gemeinsam vom Dorf in den Wald.

Die Jungs bauten eine solide Hütte. Es gab einen festen Bretterboden und vier Wände mit einem langen Regal. Zwar waren die Wände etwas schief, aber das störte niemanden. Durch eine Luke konnten wir sogar zu einem Ausguck auf das regendichte Dach klettern. Es gab eine richtige Tür, die man auf- und zumachen konnte, und es gab zwei kleine Fenster. Die konnte man aber nicht auf- und zumachen. Das Beste allerdings war der Apfelsinenkisten-Tisch mit einem alten Autositz davor.

... Stahle und Hannes.

Siggi und ich beschlossen, auch eine Hütte zu bauen. Aber ganz anders. Ohne Bretter, Säge, Hammer und Nägel. Nur mit Dingen aus dem Wald.

Als Erstes suchten wir einen Baum, der einen gerade abstehenden Ast hatte. Dann sammelten wir überall im Wald heruntergefallene Äste, die wir aufrecht gegen diesen abstehenden Ast stellten. Wir mussten lange sammeln. Das war aber nicht schlimm, denn das Sammeln im Wald machte Spaß. Die Lücken zwischen den aufgestellten Ästen stopften wir mit Moos dicht zu. Einige kleine Zwischenräume ließen wir jedoch offen, denn so entstanden winzige Fenster zum Herausgucken.

Auf den Boden legten wir jede Menge trockenes Laub. Mama, Tante Moni und Oma gaben uns noch Decken und Kissen, damit wir es schön gemütlich hatten. Diese waren zwar schon alt und verschlissen, aber das machte gar nichts. Tante Moni packte uns noch Butterbrote ein. Extra mit guter Butter und Rübenkraut. Und Mama gab jeder von uns ein riesengroßes Stück leckeren Annakuchen, selbst gebacken nach einem alten Familienrezept.

Annakuchen-Rezept

Den Backofen auf 200°C vorheizen, dann

250 Gramm Butter und
200 Gramm Zucker

rühren, bis alles schön schaumig ist.

4 Eier dazugeben und vorsichtig rühren, damit nichts spritzt.

250 Gramm Mehl mit einem
1/2 Päckchen Backpulver vermischen und zusammen in den Teig geben, rühren.

100 Gramm gemahlene Nüsse und
100 Gramm geriebene Bitterschokolade
zum Teig geben. 5 Minuten rühren.

Dann müsst ihr die Kuchenform mit einem Pinsel und Butter einfetten.

Danach gebt ihr den Teig in die Kuchenform und schiebt sie vorsichtig in den Backofen.

Euer Kuchen ist nach 40 Minuten fertig gebacken.

Weil ihr so viel rühren müsst, wird so ein Kuchen auch „Rührkuchen" genannt.

Unsere Hütte war wunderschön. Dort konnte ich stundenlang träumen. Mama sagte oft: „Träum doch nicht so herum. Tu etwas Anständiges!" Anständig war es, zu stricken oder Tischdeckchen zu besticken, sehr anständig war es, Topflappen zu häkeln, und hochanständig war es, Geschirr abzutrocknen. Beim Kochen und Backen zu helfen, war das Anständigste überhaupt.

Papa sagte: „Lass das Mädchen mal träumen! Fantasie ist ein Geschenk." Und das stimmte. Ich träumte davon, was ich gut fand und was nicht. Ich träumte auch davon, erwachsen zu sein. Was ich tun würde und wie ich es tun würde, dass ich einiges anders tun würde, als es jetzt von den Erwachsenen getan wurde. Sogar von einem eigenen Hund träumte ich. Dann kam es zum Streit.

Als es Streit gab

Die Beneken-Böcke hatten spioniert! Sie hatten in der Hütte von Franzi, Hannes, Stahle und Alfred herumgeschnüffelt und die Floßteile erkannt.

„Das ist unser Floß", schrie Wolle, „das bekommt ihr nicht! Das reißen wir aus eurer Hütte heraus!"

Blind vor Wut stürzte er sich auf Franzi, obwohl Franzi kleiner war als er, und schlug zu. Udo, Erni und Rudi feuerten ihren Bruder auch noch laut lachend an. Franzi stöhnte nach einem festen Schlag vor Schmerz laut auf. Da wurde ich wütend.

„Lass Franzi los! Lass ihn sofort los", schrie ich. „Das ist nicht fair! Franzi ist kleiner und schwächer als du! ‚Groß gegen Klein' gilt nicht!"

Damals hieß es im Dorf, ein Mädchen habe sich nicht in Jungenangelegenheiten zu mischen. Ein Mädchen habe in Jungssachen überhaupt nichts zu sagen. Ein Mädchen habe gefälligst den Mund zu halten.

Ihr könnt euch vorstellen, wie erschrocken ich war, als ich den Mund eben nicht hielt. Aber hier ging es um Franzi. Da konnte ich doch nicht einfach still zuschauen, wie er verprügelt wurde.

„Hilft denn niemand?"

„Und außerdem", wetterte ich, „ist das unser Floß, das habt ihr uns geschenkt! Geschenkt ist geschenkt! Und damit geht euch das Floß gar nichts mehr an! Und was wir damit machen, ist unsere Sache! Und jetzt lass Franzi sofort los!"

Wolle hielt inne. Er war sprachlos. Dann machte er mit Gebrüll einen wütenden Sprung auf mich zu und schleuderte mich gegen den Stacheldrahtzaun. Die spitzen Stacheln bohrten sich durch meine Strickjacke. Das tat sehr weh!

Wütend schubste ich Wolle, so fest ich konnte, von mir weg. Er stolperte, fiel hin und saß völlig verdattert auf der Erde.

„Lauf schnell weg", rief Siggi, „sonst geht der gleich wieder auf dich los. Lauf!!!"

„Damit du es weißt, Wolle, ‚Jungs gegen Mädchen', das gilt nicht! Und ‚Stärker gegen Schwächer' gilt erst recht nicht!"

Dann rannte ich los. So schnell ich konnte, lief ich nach Hause. Ich hatte Angst, dass mich Wolle doch noch erwischen und verprügeln würde.

Als ich Mama daheim alles erzählte, nahm sie mich fest in den Arm: „Das, was du getan hast, war richtig. Und wenn dich einer angreift, dann wehrst du dich! Worte statt Schläge sind allerdings besser. Das müsst ihr Kinder noch lernen."

Ja, das würden wir auch noch lernen. Aber eins nach dem anderen. Jetzt kuschelte ich mich erst einmal in Mamas Arme und alles war gut.

„Geschafft!"

Schützenfest mit Überraschung

Am Sonntag gingen wir zum Lütringhauser Schützenfest. Papa zog seine grüne Schützenkappe auf und Mama machte sich und uns schick. Alle bei uns im Dorf waren im Schützenverein. Im Verein half einer dem anderen, das war einfach so. Und das war gut so. Papa erzählte uns, dass sich in alten Zeiten Männer zusammengeschlossen hatten, um die Städte gegen Räuberbanden zu verteidigen und die Bewohner zu schützen. Daraus seien die Schützenvereine entstanden. Heute, meinte er, gehe es eher lustig zu. Manchmal auch etwas zu lustig, weil so viel Bier getrunken würde.

Auf unserem Schützenplatz gab es einen Schießstand mit einem Holzvogel, den die Schützen abschießen mussten, eine Schießbude mit Plüschtieren und Plastikrosen, eine Süßigkeitenbude mit leckeren Schaumwaffeln und Lakritzstangen und eine Bude mit Würstchen und Senf.

Im Schützenzelt spielte das Blasorchester und Papa und Mama, Onkel Franz und Tante Moni tanzten Polonaise. Siggi und ich und andere Kinder lungerten vor der Süßigkeitenbude herum. Papa und Onkel Franz hatten jeder von uns etwas Geld gegeben und wir überlegten, was wir dafür wohl bekämen.

Plötzlich sahen wir Wolle, wie er mit einer Plastikrose von der Schießbude auf uns zukam.

„Verschwinden wir, schnell", flüsterte Siggi.

„Hey, wartet mal", rief Wolle und druckste dann herum, „es war gemein von uns, dass wir euch das Floß gegeben haben. Wir wussten, dass wir es schlecht gebaut hatten, und uns war klar, dass es auseinanderbrechen würde."

Dann schaute er mich an und sagte leise: „Es war auch blöd von mir, dass ich dich in den Stacheldraht geschubst habe. Tut mir leid – und – die da ist für dich!!!"

Mit einem Ruck hielt er mir die rote Plastikrose hin, drehte sich blitzschnell um und rannte weg.

Die Geschichte vor der Geschichte

Mama erzählte vom Krieg:

„Wir waren nicht arm, nur das Geld war knapp. Es war kein Geld für Kleidung da. So zupften wir Kartoffelsäcke auf. Dann strickten wir aus den Fäden Pullover und Socken. Die waren schrecklich kratzig, aber es gab nichts Anderes.

Zu essen hatten wir auf unserem Bauernhof immer. Hungern mussten wir nie. Auf dem Hof gab es Milch und Eier. Wir hielten ja Kühe und Hühner. Eure Oma kochte Gemüse und Obst ein. Euer Opa ging mit Lotte, unserem Pferd, auf den Acker, um zu pflügen, zu säen und zu ernten. Lotte und Opa waren ein vertrautes Gespann. Lotte wusste, was Opa wollte, ohne dass Opa viele Worte machen musste. Umgekehrt wusste Opa, was Lotte wollte. Es war so, als ob beide die Gedanken des anderen hätten lesen können.

Schwer wurde es, als die Soldaten unsere Lotte holten. Sie kamen auf den Hof und nahmen sich, ohne zu bezahlen, das, was sie brauchten. Sie sagten, Lotte müsse als Truppenpferd Karren ziehen, und nahmen sie einfach mit.

Was für ein Elend! Unsere Lotte war weg. Die Trauer war groß. Doch plötzlich, eines Tages trabte Lotte freudig wieder auf den Hof. Da machten wir große Augen. Opa rannte ihr entgegen und schloss sie überglücklich in die Arme. Er war vor Freude kaum zu bändigen. So ein treues Pferd! Es schien so, als sei Lotte genauso froh gewesen, wieder bei eurem Opa zu sein. Sie war den Soldaten einfach weggelaufen.

Doch die Soldaten kamen zurück und nahmen Lotte ein zweites Mal mit. Lotte kehrte nie mehr heim.

Flora, ihr Fohlen, wuchs heran, wurde groß und stark und dann war sie es, die Opa tatkräftig und gutmütig auf dem Feld half."

Oma mit Lotte und ihrem Fohlen Flora

Opa mit Flora

2. Vom Gackern und Gackernlassen

Wir helfen und bekommen Ärger

Mama sagte voller Mitgefühl: „Die armen ‚Dietmanns Tanten', der Aufstieg zur Kapelle fällt ihnen arg schwer."

Unsere Kapelle mit dem Namen ‚Maria, Mutter vom guten Rat' stand weit oben am Berg. Dort wurde gebetet. Der Rosenkranz wurde jeden Freitag gebetet, in der Fastenzeit wurde sogar wochenlang gebetet, und wenn jemand gestorben war, wurde auch gebetet, aber da nicht so lange. Und damit alle pünktlich zu den Gebeten erschienen, läuteten zwei Schwestern rechtzeitig die Glocke. Die beiden wurden im Dorf die Dietmanns Tanten genannt.

Nun hatte sich eine der Tanten den Fuß verletzt. Das wäre ja nicht weiter schlimm gewesen, wenn nicht der anderen Tante zur gleichen Zeit das Knie angeschwollen wäre.

„Mit diesen Gebrechen kommen die beiden keinen Berg hinauf", meinte Tante Moni.

„Es müsste ihnen jemand helfen und das Läuten übernehmen", fand Mama.

„Es wäre ja nicht für immer. Nur solange die Schmerzen andauern", sagte Tante Moni.

„Die Dietmanns Tanten würden sich bestimmt sehr über die Hilfe freuen", vermutete Mama.

Eindringlich sahen uns Mama und Tante Moni an. Warum nur schauten sie die Jungs nicht an? Warum sahen sie gerade uns Mädchen an? Warum sagten ihre Blicke mehr als Worte?

Widersprechen war zwecklos. Wir bekamen den Schlüssel überreicht und machten uns am nächsten Freitag auf den Weg, um zu läuten und so den kranken Tanten zu helfen.

Als wir die Kapelle erreichten, wirkte sie viel größer als sonst. Vor der dunklen Holztür sahen wir uns an. Noch nie waren wir allein hier gewesen. „Schließ du auf", murmelte ich. „Nein, du", flüsterte Siggi. Nach einigem Hin und Her drehten wir den schweren Schlüssel gemeinsam um. Mit einem unheimlichen Knarren öffnete sich die schwere Tür langsam.

Düsternis empfing uns. Kalte Luft wehte uns entgegen. Sie roch nach Weihrauch, aber auch etwas modrig nach welken Blumen. Es war gespenstisch still. Die Heiligenfiguren von Antonius und Rochus sahen direkt auf uns herab. Eingeschüchtert knieten wir uns hin. Ich betete für Mama und Papa und Hannes. Dann war ich fertig und schaute zu Siggi. Die betete noch immer. Natürlich, sie hatte ja mehr Geschwister. Also betete ich noch für meine Omas und für mich. Dann waren wir beide fertig.

Hinter uns hing das Glockenseil ruhig vom Turm herab. Wir warteten auf die richtige Uhrzeit und begannen pünktlich zu läuten. Das war gut so. Nicht so gut war, dass wir nicht mehr aufhörten.

Zuerst zogen wir das Seil nur rauf und runter. Und plötzlich, ich weiß nicht, wie es passierte, hingen wir an dem Seil. Und dann schwangen wir hin und her. Wir schwangen und schwangen! Dann wetteiferten wir, wer am weitesten kam. Wir flogen nur so durch die Luft. Wir flogen vom Weihwasserkesselchen bis zur Heiligen Katharina. Und zurück! Und vor! Und wieder zurück! Nein, dass Läuten so einen Spaß machen konnte!

Aus
heiterem Himmel
wurde die Tür aufgerissen.
Da stand eine der Dietmanns
Tanten trotz geschwollenem Knie.
Fuchsteufelswild stand sie vor uns und
schimpfte los. Zeterte, was wir doch für
grässliche Kinder seien. Schnaubte, dass wir
eine Tracht Prügel verdient hätten. Schimpfte
über die schrecklichen Kinder von heute und
dass es das zu ihrer Zeit nicht gegeben hätte.
Sie hörte gar nicht mehr auf zu schelten.
Und dabei hatten wir nur helfen wollen.

Dann fing der Tratsch an. Die Dietmanns Tanten erzählten allen Leuten im Dorf, was wir für ungezogene und ungeratene Mädchen seien. Das war gar nicht schön für uns. Ein schlechtes Gewissen hatten wir sowieso. Das hatten wir von ganz alleine. Dazu hätte es überhaupt kein Gerede gebraucht. Ich verstand das nicht. Die Tanten taten immer so fromm, so gerecht und so gut. Ist es denn gut, uns schlechtzumachen?

Das Getratsche im Dorf nahm kein Ende. Im Gegenteil, es wurde immer mehr und immer schlimmer, denn jeder fügte noch Schlimmeres hinzu.

Und was sagten Mama und Papa und Tante Moni und Onkel Franz? Die schimpften auch mit uns. Aber nur ein bisschen und das nur ganz am Anfang.

„Diese Blagen! Kann man zu nichts gebrauchen!"

„Kinderstreiche gehören nun mal zum Leben dazu", seufzte Mama nach einer Weile.

„Jaja, Kinder sind Kinder", seufzte auch Tante Moni.

„Nächste Woche reden sie im Dorf über etwas anderes - gackern und gackern lassen", sagte Papa.

„Hmpf", gluckste Onkel Franz und verkniff sich das Lachen, „als ich ein Kind war, durfte ich nicht läuten. Sonst hätte ich bestimmt den gleichen Unfug gemacht."

Als wir das hörten, mussten wir lachen.

„Mädchen, gebt nichts auf das dumme Geschwätz, das wird sowieso bald vergessen sein und läutet ab dem nächsten Freitag einfach richtig", sagte Mama.

Und genau so machten wir es.

„Ich sage nur: In meiner Jugend hätte es so etwas nicht gegeben!!"

„Eine Schande ist das!!!"

Die Großen machen uns eine Freude

Viele Wochen hatten wir pünktlich und richtig geläutet. Deshalb erfüllten uns unsere Eltern einen Wunsch – wir durften auf Zelli reiten. Zelli war ein starkes Arbeitspferd und zog mit Onkel Franz Baumstämme aus dem Wald. Natürlich nur Stämme von gefällten Bäumen. Die wurden später für den Hausbau oder für Holzmöbel gebraucht.

„Die Mädchen machen das gut!"

Onkel Franz zeigte uns, wie wir mit Zelli umgehen sollten. Dann sagte er: „So, nun zeigt mir mal, was ihr könnt. Jede von euch reitet langsam eine Runde auf dem Hof. Wir wollen doch mal sehen, ob Zelli sich von euch Mädchen reiten lässt."

Ehrgeizig wollten wir beweisen, dass wir die besten Reiterinnen der Welt waren und strengten uns mächtig an. Wir drehten sogar mehrere langsame Runden auf dem Hof.

„Aha", sagte Onkel Franz, „das klappt ja schon ganz gut. Dann dürft ihr jetzt mal bis zum Nachbarn und wieder zum Hof zurückreiten."

Zelli war zutraulich und folgsam. Danach durften wir jeden Tag ein kleines bisschen weiter reiten. Mal zu Alfred, mal zu Stahle, sogar bis zu unseren Hütten. Auch das klappte gut.

Siggis Schulter

„Komm, heute reiten wir zum Stachelauer Opa – durch den Wald", sagte Siggi. Der Stachelauer Opa war der Vater von Tante Moni und wohnte im Nachbardorf Stachelau. Wir freuten uns darauf, ihn zu überraschen.

Siggi saß auf Zelli und ich lief nebenher. Unterwegs wechselten wir uns ab, weil jeder von uns mal reiten wollte. Nebenher laufen machte nicht so viel Spaß, aber war eben nötig. Denn sonst hätte man ja nach einer Weile nicht wieder reiten können.

Plötzlich bockte Zelli. Sie blieb stehen, schnaubte, drehte sich herum und ging zurück nach Hause. Na, so was! Da guckten wir ganz schön dumm aus der Wäsche. Es half nur eines: Wir mussten Zelli überlisten. Wir drehten sie einfach ein paar Mal im Kreis herum, so dass sie die Orientierung verlor. Danach ließ sie sich Richtung Stachelau führen. Aber wer jetzt denkt, dass Zelli die List nicht bemerkt hätte, der denkt falsch. Zelli war nicht nur ein starkes, sondern auch ein sehr kluges Pferd. Nach ein paar Metern machte sie einfach wieder kehrt, um nach Hause zu gehen. Das wollten wir aber nicht. Wir drehten sie bestimmt zwanzig Mal im Kreis herum, bevor wir endlich beim Stachelauer Opa ankamen.

„Ja, wer kommt denn da? Ja, gibt es denn so was? Da kommen die Mädchen mit Zelli zu Besuch", rief er voller Freude.

Opa hatte mit einer Tasse Kaffee auf der Bank vor dem Haus gesessen. Jetzt lief er schnell hinein und holte uns Hefezopf mit selbstgemachtem Pflaumenmus. Mit ihm zusammen auf der Bank zu sitzen und mit den Beinen zu baumeln machte Spaß. Noch mehr Spaß machte es, Hefezopf mit Pflaumenmus zu essen und sich dabei Witze zu erzählen. Das durfte ich nämlich daheim nicht. Also, Witze erzählen durfte ich schon, aber ich musste immer erst zu Ende essen, bevor ich redete. Nach einer Weile hatten wir aufgegessen und wussten keine Witze mehr. Da sagte Opa:

„So, Mädchen, lange genug mit den Beinen gebaumelt, jetzt aber ab nach Hause! Nicht, dass sich eure Eltern Sorgen machen. Kommt bald wieder! Kommt recht bald wieder!"

„Ja, das machen wir! Das versprechen wir. Auf Wiedersehen, bis bald!", riefen wir fröhlich.

Vom Gackern und Gackernlassen

„Immer nur reiten!
Da muss ja mal
was passieren!"

Auf dem Heimweg ritt Siggi und ich lief wieder. Zelli hatte es eilig. Wir merkten, dass sie unbedingt nach Hause wollte. Es konnte ihr gar nicht schnell genug dabei gehen. Sie fing plötzlich an zu traben, so dass Siggi kräftig durchgeschüttelt wurde.

Ein Pferd ist dummerweise schneller als ein Mensch, vor allem dann, wenn das Pferd in Eile ist. Beim schnellen Nebenherrennen ging mir die Puste aus. Außer Atem und voller Sorge blieb ich zurück. Zelli war nicht mehr zu bremsen. Jetzt galoppierte sie. Ihre Hufe dröhnten donnernd laut auf der Straße. Verzweifelt rief Siggi: „Hilfe! Ich kann Zelli nicht mehr halten!" Da warf Zelli wiehernd den Kopf hoch und schoss wie ein Pfeil davon.

Sie rannte wie eine Wilde ins Dorf hinein. Schon verschwand sie mit Siggi hinter den ersten Häusern. Dann war von den beiden nichts mehr zu sehen. Aber etwas zu hören – ein fürchterlicher Schrei. So schnell ich konnte, lief ich hinterher. Da lag Siggi weinend mitten auf der Straße. Als ich sie so bitterlich weinen sah, musste ich auch weinen.

„Meine Schulter tut so weh, so schrecklich weh", jammerte sie.

„Kannst du aufstehen? Kannst du nach Hause laufen?", fragte ich.

„Oh nein, das tut viel zu weh", wimmerte sie.

„Versuch es mal. Zum Laufen brauchst du doch nur Beine und keine Schulter. Das klappt bestimmt", sagte ich.

Tapfer rappelte sich Siggi auf. Langsam und schniefend, Schritt für Schritt ging es vorwärts. Da kam uns Tante Moni entgegengelaufen. Sie war schrecklich aufgeregt. Da Zelli ohne uns auf den Hof gestürmt war, hatte sie schon das Schlimmste befürchtet. Ich fand, dass eine wehe Schulter zwar nicht das Schlimmste, aber schlimm genug war.

„Also, wenn man mich fragt, dann wollen die Blagen es ja nicht anders!"

Mein Fuß

Als es Siggis Schulter wieder gut ging, ging es meinem Fuß schlecht. Wie das geschah, erzähle ich jetzt.

Wir durften Zelli striegeln. Dazu banden wir sie draußen vor dem Küchenfenster fest. Da waren wir ungestört. Eigentlich streichelten wir Zelli mehr, als dass wir sie striegelten. Ganz langsam, friedlich und ruhig. Das mochte sie. Sie stand dabei vollkommen still. Schläfrig ließ sie den Kopf hängen. In aller Ruhe kämmten wir so ihre schöne lange Mähne. Als sie dann noch die Augen schloss, merkten wir, wie sehr sie das genoss. Dösend machte sie dann aber einen Schritt nach vorn.

„Aua", schrie ich, „mein Fuß! Zelli steht auf meinem Fuß, oh, tut das weh!"

„Oh, nein", rief Siggi erschrocken. „Zelli, weg da, geh weg, beweg dich, hopp!"

Vor lauter Aufregung bellte Arno. Er bellte und bellte und bellte.

„Hilfe! Hört mich denn keiner? Hilfe!!"

Zelli bewegte sich keinen einzigen Zentimeter weit. Wir schoben und drückten. Nichts tat sich. Wir zogen, schubsten, drängten. Nichts! Zellis Huf blieb, wo er war. Oje, jetzt würde ich bestimmt einen Plattfuß bekommen.

Durch Arnos Bellen alarmiert, rannten Onkel Franz und Tante Moni auf uns zu. Ein einziges Wort von Onkel Franz reichte und Zelli machte einen Schritt nach vorn. Mein Fuß war frei!

Bevor ich noch irgendetwas denken oder sagen konnte, hatte mich Tante Moni geschnappt, schleppte mich in die Futterküche und setzte mich auf eine Kiste. Ihr wisst nicht, was eine Futterküche ist? Das ist eine zweite Küche auf einem Bauernhof, wo das Futter für die Tiere zubereitet wird. Dort saß ich jetzt. Tante Moni sauste in ihre Küche und kam mit einem riesigen Messer zurück. „Oh Schreck, was passiert jetzt", dachte ich.

Mit diesem Messer kniete sich Tante Moni vor meine Beine. Blitzschnell schnitt sie den Gummistiefel auf, auf dem Zelli gestanden hatte! Warum tat sie das? Gummistiefel kosteten doch Geld. Viel Geld! Vorsichtig nahm sie meinen Fuß heraus und zog mir behutsam die Socke vom Fuß. Ich verstand die Welt nicht mehr.

Dann geschah etwas Komisches. Ich konnte gar nicht glauben, was ich da sah. Mein Fuß wurde dick und dicker. Er schwoll an! Wurde höher und breiter. Länger wurde er aber nicht. Ich staunte. Was war denn das? Nun wurde er auch noch blau! Immer blauer! Da kam Oma angelaufen und schleppte keuchend einen vollen Wassereimer heran. Was bedeutete das alles? Kaum stand der Eimer vor mir, steckte Tante Moni auch schon meinen Fuß langsam in das kalte Wasser.

„Huh, ist das eisig!", rief ich.

„Das muss so sein", beruhigte sie mich. „Kaltes Wasser nimmt die Schwellung."

Betrübt saß ich nun da und musste für eine ganz Weile genau so sitzen bleiben. Das Wasser sollte ja die Schwellung nehmen. Siggi saß genauso betrübt auf einem umgedrehten Eimer und sah zu. Es passierte überhaupt nichts. Ohhh, war das langweilig. Wir überlegten noch, ob ich besser mit einem Plattfuß oder mit Frostbeulen laufen könnte, als Tante Moni mir endlich erlaubte, meinen Fuß aus dem eisigen Wasser zu nehmen. Dass ich danach lange in Omas altem Pantoffel humpeln musste, war nicht so gut. Aber gut war, dass der Fuß irgendwann wieder in meine Schuhe passte.

Zelli geht durch

Jetzt könnte man ja meinen, wir hätten genug von verletzter Schulter und dickem Fuß gehabt, aber so war es nicht. Schon wieder streunten wir mit Zelli durch die Gegend. Nach einem schönen Ausflug zur Griesemert machten wir uns langsam auf den Heimweg. Zelli trottete gemächlich vor sich hin, ich saß gemütlich schaukelnd auf ihrem Rücken und Siggi schlenderte nebenher.

Plötzlich zuckten wir zusammen. Mit einem Höllenlärm schossen mehrere Düsenjäger über unseren Köpfen hinweg. Zelli reckte den Kopf und dann ging sie durch. Sie preschte auf und davon. Siggi lief verzeifelt hinter uns her. Zelli jedoch rannte mit all ihrer Kraft. Rannte und rannte. Bäume, Wiesen, Kühe, Zaunpfähle und sogar ein Fischteich huschten vorbei. Zellis Mähne und meine Haare flatterten wie wild.

„Nicht fallen. Nur nicht runterfallen", dachte ich, „bloß nicht vom Pferd fallen!"

Nach dem ersten Schrecken fand ich es schön, da oben auf Zellis Rücken. Fast so schön, wie auf Wellen zu schaukeln. Allerdings war Zellis Galopp wie eine Menge ganz gewaltiger Wellen.

Ich hoffte, dass Zelli ruhiger würde, wenn sie ins Dorf käme. Aber nein! Sie donnerte an den Häusern vorbei!

Ich hoffte, dass sie langsamer würde, wenn sie Hof und Stall sähe. Aber nein! Panisch raste sie auch hier vorbei!

Da bekam ich Angst.

Die große Bundesstraße, die von Stachelau kam und nach Olpe führte, lag jetzt vor uns und Zelli rannte genau darauf zu. Hier herrschte gefährlich viel Verkehr.

„Wenn sie jetzt auf die Straße läuft, stoßen wir mit einem Auto zusammen, dann ist Zelli verletzt, ich bin verletzt und fremde Leute sind verletzt. Vielleicht stirbt sogar jemand!"

In meinem Kopf wirbelten die schrecklichsten Gedanken durcheinander: „Tu was", sagte ich zu mir selbst, „tu endlich was! Aber was?"

Da hatte ich eine Idee. Mit einem gezielten Sprung vom Pferd könnte ich mit etwas Glück schräg vor Zelli landen. Dann müsste sie doch eigentlich stehen bleiben, oder?
Die Idee war nicht schlecht! Vielleicht wäre das die Rettung? Die Straße kam näher und näher! Es waren nur noch wenige Meter.

Ich sprang und – Zelli stand! Sie stand ganz still. Stand starr da, wie ein Stein. Wir schauten uns an. Ich hatte noch nie so panische Augen bei ihr gesehen. Mir kamen die Tränen. Zelli tat mir so leid. Dann fing sie an zu zittern. Wie ein Erdbeben ging das Zittern von ihrem Kopf über den Hals bis hinunter zu ihren Beinen. Dann zuckte es wie ein Blitz in meine eigenen Beine, bis hin zu meinen Füßen. Da zitterten wir nun beide miteinander und konnten gar nicht aufhören, gemeinsam zu zittern und uns anzuschauen.

„Liebe Zelli, hab keine Angst. Ich bringe dich nach Hause", versprach ich leise und streichelte sie sanft.

Ob ich das überhaupt schaffen würde? Meine Knie waren ja weich wie Pudding. Aber ich musste es schaffen!!!

Wir drehten uns um und gingen langsam ins Dorf zurück. Aber was war das? Da kamen uns Männer aus der Nachbarschaft entgegengerannt. Allen voran Onkel Franz und alle, die gesehen hatten, dass Zelli durchging. Einige hatten sogar noch ihr Werkzeug in der Hand. Vor lauter Sorge waren sie sofort losgelaufen, ohne es wegzuräumen, nur um uns zu helfen. Onkel Franz erreichte uns als Erster. Er holte tief Luft. Erleichtert und ohne Worte schaute er mich an. Dann kamen die anderen. Alle waren dankbar, dass nichts Schlimmeres passiert war.

„Jetzt ist Schluss! Ein für alle Mal. Ende mit der Reiterei! Schluss! Aus! Feierabend!", bestimmte Mama.

Sie, Tante Moni und Oma waren sehr aufgeregt, als sie hörten, was schon wieder passiert war. Gleichzeitig, waren sie froh, dass nicht mehr passiert war. Es herrschte ein heilloses Durcheinander von Passiertem und nicht Passiertem, von Hätte, Wäre und Könnte.

„Franz, jetzt sprich ein Machtwort", forderte Mama ihren Bruder auf. Sie schaute ihn so streng an, wie nur Schwestern ihre Brüder anschauen können.

Der räusperte sich, sah uns lange an und erklärte, dass Zelli jetzt eine Pause verdient hätte. Eine lange Pause. Wir hätten doch sicher gemerkt, dass ihr das Reiten keine Freude mache, schließlich sei Zelli doch ein Arbeitspferd und kein Reitpferd.

„Gack gack."*

* „Von dem dummen Gerede der anderen im Dorf will ich gar nicht erzählen."

Nur nicht aufgeben

Am Abend kam Papa aus dem Büro. Er sah mich sehr erstaunt an.

„Warum siehst du denn so nachdenklich aus?"

„Ich sehe nachdenklich aus, weil ich nachdenke."

„Aha, und über was denkst du nach?"

„Wie wir reiten lernen können, ohne dass wir Zelli reiten."

Dann erzählte ich ihm, was passiert war.

„Hm", meinte Papa und dachte nach. Jetzt sah er selbst sehr nachdenklich aus.

„Hm", sagte er, „da schauen wir mal, was wir möglich machen können. Weißt du, es gibt immer einen Weg. Lass uns mal über eine Reitschule nachdenken. Hab einfach ein bisschen Geduld."

Juchhu! Wenn Papa so etwas sagte, dann hatte er immer eine Idee.

Die Geschichte vor der Geschichte

Mama erzählte von Waldi:

„Früher hatten wir einen treuen und lieben Hund auf dem Hof, der Waldi hieß. Egal, ob Opa im Wald oder auf dem Feld arbeitete, Waldi begleitete ihn. Einer der Äcker befand sich oben am Berg, der Griesemert, neben der großen Eiche. Hier am Berghang war die Feldarbeit sehr anstrengend. Wenn Opa hier arbeitete, legte er oft eine Pause ein. Dann saßen er und Waldi gemeinsam im kühlen Schatten der Eiche. Opa mochte den Blick auf seinen Hof, den Stall, die Weiden und Felder. Es erfüllte ihn mit Stolz, sein fruchtbares Land zu bestellen und seine Tiere zu hegen und zu pflegen, so dass sie gesund und munter waren.

Eines Abends kehrte Opa sehr müde vom Feld zurück und hatte vor lauter Erschöpfung nicht bemerkt, dass Waldi nicht mit nach Hause gekommen war. Oje, wo war denn Waldi? Die gesamte Familie war in heller Aufregung und machte sich große Sorgen. Da es allerdings schon Nacht wurde, konnte niemand mehr hinaus, um Waldi zu suchen.

Am nächsten Morgen, gleich nach Sonnenaufgang, ging euer Opa voller Unruhe zum Feld. Ob er Waldi finden würde? Doch dann erlebte er eine große Überraschung! Waldi saß brav unter der Eiche und bewachte die Arbeitsjacke, die Opa dort vergessen hatte."

Opa mit Waldi vor dem alten Bauernhaus

3. Vom Gestern und Heute und der Tierliebe

Der Kiekern-Hund

Wir Dörfers Kinder trafen uns täglich an der Straßenlaterne vor dem Hof von Onkel Franz. Hier überlegten wir, was wir spielen wollten. Franzi hatte immer die besten Ideen, er rief: „Hey, wir spielen Räuber und Gendarm!" Und schon waren wir begeistert dabei.

Siggi und ich spielten die gejagten Räuber und mussten uns verstecken. Franzi, Hannes, Stahle und Alfred taten so, als wären sie Gendarmen und hatten uns zu suchen.

Siggi und ich liefen los. Die Jungs beobachteten genau, wohin wir rannten, ließen uns ein paar Minuten Vorsprung, bevor sie uns verfolgten. Auf der Suche nach einem Versteck sausten wir durchs Dorf, rauf zur Kapelle, den Berg hoch, durch den Wald voller junger Tännchen, die nicht viel größer waren als wir selber, den Blick auf den Boden gerichtet, als wir ruckartig stoppten. Stiefel standen vor uns! Stiefel? Mitten im Wald? Mein Blick wanderte nach oben – dreckige Hose, fetter Bauch, Doppelkinn, der Olle Breida! Der Olle Breida stand vor uns. Ausgerechnet der! Der war gar nicht nett. Er schlug seine Hunde, seine Kühe und seine Kinder! Da hörten wir ihn schon brüllen:

„Verdorri noma! Ihr Gören! Bin auf der Jagd! Hätte euch fast für Wildschweine gehalten und geschossen! Der Wald ist kein Spielplatz! Haut ab! Aber schnell!"

Auf der Stelle drehten wir um, rannten los, schlugen Haken wie die Hasen – nur weg hier!

Der Olle Breida hatte uns gewaltig Angst eingejagt. Das Dumme an dieser Angst war, dass wir völlig vergaßen, dass wir eigentlich Räuber waren, die sich gefälligst verstecken sollten. So geschah es, dass wir den Gendarmen, also den Jungs, direkt in die Arme liefen. „Entdeckt", riefen die begeistert. Das war natürlich dämlich von ihnen, schließlich kann man nur etwas entdecken, was vorher versteckt war! Und jetzt taten sie so großspurig und meinten, sie wären die besten Gendarmen der Welt. Angeber!

Danach tauschten wir die Rollen und die Jungs wurden zu Räubern. „Versteckt euch bloß nicht im Wald neben der Kapelle, da ist der Olle Breida auf der Jagd", riefen wir noch hinter ihnen her.

„Pah, der tut uns nichts! Nur kleine Mädchen haben Angst vor dem!

Stattdessen liefen sie zum Kiekern-Hof. Das war nun fast genauso schlimm. Ihr müsst wissen, dass es auf diesem Bauernhof, der von Mauern und Zäunen umgeben war, nur einen einzigen Durchgang gab: Eine schmale Treppe zwischen Haus und Scheune. Und oben, am Ende dieser Treppe, war der bissige Kiekern-Hund angekettet, um den für Fremde verbotenen Weg zu versperren.

Ausgerechnet da rannten die Jungs hoch. Und wenn wir ihnen folgen wollten, mussten wir wohl oder übel denselben Weg nehmen. Die Jungs dachten wohl, wir würden uns das nicht trauen!

„Pfff", sagten wir, „wenn die das schaffen, schaffen wir das auch!"

Als der Hund uns sah, bellte er wie von Sinnen. Seine Nackenhaare stellten sich hoch und er fletschte die Zähne. Vorsichtig drückten wir uns an die Hauswand und schoben uns langsam vorwärts. Der Hund zerrte wie verrückt an der Kette. Zwischen den Hundezähnen und unseren Beinen blieb nur eine Handbreit Luft und so schnappte der Hund, rasend vor Wut, ins Leere. Mutig schoben wir uns weiter voran. Noch ein kleines Stück. Endlich! Puh! Wir hatten es geschafft! Der Hund und auch der Kiekern-Bauer hatten uns nicht erwischt. Jetzt konnten wir die Jungs weiter suchen.

Doch ich musste immer wieder an den Hund denken. Er tat mir sehr leid. Aber so war das damals, Hunde wurden angekettet, das war normal. Nein, das war üblich, denn normal ist es, wenn ein Hund nach Lust und Laune laufen, springen, spielen und herumtollen darf. Wer ist schon gerne angekettet?

Damals — Vom Gestern und Heute und der Tierliebe

Als Hasso und Zello lebten

Damals, als wir Kinder noch viel kleiner waren als heute, lebte ein Wachhund auf dem Hof von Onkel Franz. Er hieß Hasso und war an der Hundehütte fest angekettet.

Da geschah eines Tages etwas Seltsames. Der Förster und Männer aus der Nachbarschaft kamen auf den Hof und stellten sich zusammen in einem engen Kreis um Hassos Hundehütte herum. Neugierig folgten wir den Männern, wurden aber sofort verscheucht.

„Das hier ist nichts für Kinder", hieß es streng.

Alfreds Papa befahl: „Alfred, ab nach Hause mit dir!"
Und Stahles Papa sagte das Gleiche zu Stahle. Stahle sollte natürlich nicht zu Alfred nach Hause, sondern zu sich nach Hause gehen. Wir Kinder schauten uns an. Uns war sofort klar, dass wir unbedingt wissen mussten, was ‚nichts für uns Kinder' war und was bei Hassos Hundehütte los war. Klar war auch, dass weder Alfred noch Stahle nach Hause gehen würden.

„Ich weiß, von wo aus wir den besten Blick haben", flüsterte Siggi. „Wir klettern hoch auf den Heuboden, da ist ein kleines Fenster."

Siggi und ich zeigen euch hier, wie wir damals erschraken, als wir alles beobachteten.

Nun wisst ihr bestimmt nicht, was ein Heuboden ist. Also, der Heuboden bei Onkel Franz war ein Dachspeicher über dem Kuhstall. Da gab es vollgepackte Roggensäcke, jede Menge Mausefallen, eine große Getreidewaage und natürlich massenhaft Heu, sonst wäre es ja kein Heuboden gewesen. Von dort aus konnte man über den ganzen Hof bis zum Dorfende schauen. Uns aber reichte der Blick zur Hundehütte. Das, was wir sahen, war schrecklich. Ein Fuchs lag totgebissen neben Hasso. Dann wurde es noch schrecklicher. Der Förster legte sein Gewehr an, es gab einen lauten Knall und Hasso lag tot neben dem Fuchs. Entgeistert schauten wir uns an. Verstört kletterte ich vom Heuboden herunter und sauste zu Mama, um ihr alles zu erzählen.

„Ach", sagte Mama, „das solltet ihr Kinder doch gar nicht sehen! Der Fuchs hatte die Tollwut, das ist eine schlimme Krankheit. Er schlich sich nachts auf den Hof, hat Hasso gebissen und ihn dadurch mit der Krankheit angesteckt."

„Aber Hasso kann doch wieder gesund werden", schluchzte ich.

„Nein, Liebes", Mama strich mir übers Haar und nahm mich in den Arm, „das kann er nicht. Die Krankheit ist schrecklich, glaube mir, es ist gut, dass der Förster Hasso vor einem langen Leiden bewahrt hat."

Damals Vom Gestern und Heute und der Tierliebe

Ich war so traurig und dachte: „Am bestens wäre es, einen eigenen Hund zu haben. Ohne Kette, ohne Tollwut und ganz für mich allein." Jeden Tag sagte ich zu Mama, wie sehr ich mir einen Hund wünschte. Jeden Tag. Wochenlang. Mama konnte es schon nicht mehr hören. Dann, eines Tages, kam Tante Johanna zu Besuch. Mit strahlenden Augen stellte sie einen Karton auf den Küchentisch. Der Karton hatte Löcher. Im Inneren raschelte es.

„Ein Hund", jubelte ich, „endlich ein Hund!"
Ungeduldig öffnete ich den Karton. Vorwitzig reckte sich mir eine süße, kleine Nase entgegen.

Aber hoppla, was war das denn für eine Nase? Das war ja gar keine Hundenase! Oh nein, das war eine Kaninchennase! Bloß ein Kaninchen! So eine Enttäuschung! Mir schossen Tränen in die Augen. Entsetzt sahen mich Mama und Tante Johanna an.

„Aber Biggi, nun weine doch nicht. Schau dir doch erst einmal das Kaninchen an!"

„Ein Kaninchen ist doch kein Hund", schniefte ich.

Ich wusste ja, dass sie mir eine Freude machen wollten und dass ich mich gefälligst zu freuen hatte. Das mit dem Freuen und dem Dankbarsein klappte aber nicht und ich fand, dass es sehr schwer sein konnte, beschenkt zu werden. Schwerer, als ein Geschenk zu machen.

Tante Johanna, Mama und Papa ließen mich in meinem Trübsinn in Ruhe. Papa fing an, einen Stall zu bauen. Danach machte er noch ein großes Gehege, in dem unser Kaninchen nach Herzenslust hoppeln konnte. Das sah sehr putzig aus und deshalb nannten wir das Kaninchen Putzi. Nach einiger Zeit merkte ich, dass ich Putzi sehr lieb hatte. Manchmal dauert es eben, bis man einen anderen lieb hat.

Tante Johanna brachte uns eines Tages ein zweites Kaninchen, damit Putzi nicht so einsam war. Wir nannten es Hansi. Zu erleben, wie Putzi und Hansi gute Freunde wurden, machte uns alle froh. Dieses Mal freute ich mich sehr und dankte Tante Johanna von Herzen.

Trotz unserer Kaninchen dachte ich immer wieder an einen Hund. Als ich eines Tages Onkel Franz den Satz ‚Auf einen Hof gehört ein Hund' sagen hörte, war ich hellwach.

„Du, Onkel Franz, wenn der nächste Hund auf den Hof kommt und wenn der wieder angekettet wird und wenn der wieder von einem tollwütigen Fuchs gebissen wird, dann wird der neue Hund ja auch krank. Kannst du denn nicht einen Hundestall bauen, wo kein Fuchs reinkommen kann?", fragte ich Onkel Franz.

Tatsächlich baute er einen Hundestall. So etwas nannte man Zwinger.

Eines Tages gab es endlich Leben in diesem Zwinger, aber was für ein fürchterliches! Wütendes Bellen, eine wilde Hin- und Herspringerei und dazu gefletschte Zähne.

„Das ist Zello", sagte Onkel Franz, „ein ausgewachsener, gefährlicher Wachhund. Ihr dürft ihm nicht zu nahe kommen, er ist sehr bissig!" Ängstlich schauten wir Zello an, sogar die Katzen hielten bange Abstand.

Warum gab es denn keinen lieben Wachhund? Warum war Zello bloß so wütend? Und warum sprang er hin und her wie ein Verzweifelter?

„Hm", dachte ich, „wenn alle Angst vor einem haben, dann will ja auch keiner mit einem spielen und dann ist man ohne Freunde ganz allein auf der Welt."

Vielleicht war Zello deshalb so verzweifelt? Dann müsste sich das doch ändern lassen. Weil wir Kinder uns von ihm fernhalten sollten, schlich ich mich heimlich zum Zwinger. Immer wieder. Geduldig sprach ich jeden Tag mit ihm. Irgendwann wurde er ruhiger und freute sich sogar, wenn ich kam. Am Morgen nahm ich die Wurst oder den Käse von meinem Schulbrot und am Nachmittag, wenn niemand in der Nähe war, fütterte ich ihn damit. Langsam wurden wir vertraut miteinander.

Ich versprach ihm: „Eines Tages werde ich mit dir spazieren gehen!"

Damals
Vom Gestern und Heute und der Tierliebe

Was man verspricht, muss man auch halten! Das war klar! Für den Spaziergang mit Zello brauchte ich eine Hundeleine. Da ich kein Geld hatte, flocht ich aus reißfestem Band, mit dem normalerweise Kartoffelsäcke zugebunden wurden, eine Leine. Die zeigte ich meinem Onkel.

„Ich möchte gern mit Zello spazieren gehen. Schau mal, eine Hundeleine habe ich schon!"

Stolz hielt ich ihm meine Leine vor die Augen. Onkel Franz sah mich an, als wäre ich nicht ganz bei Trost. Kopfschüttelnd ging er trotzdem mit mir zum Zwinger. Als Zello voller Freude fiepte, statt böse zu bellen, wurde Onkel Franz misstrauisch. Streng guckte er mich an.

Da druckste ich verlegen herum und rückte mit der Wahrheit heraus. Ich gab zu, dass ich trotz Verbot in Zellos Nähe gegangen war.

„Aha", sagte er. Und nochmal: „Aha!"

Oje, jetzt würde ich Ärger bekommen.

Doch etwas ganz anderes geschah. Onkel Franz öffnete die Zwingertür, band Zello die Leine ans Halsband, führte ihn heraus und sagte: „So, dann wollen wir doch mal sehen."

Zello schaute mich an, als könnte er gar nicht fassen, was mit ihm geschah. Langsam und zaghaft, aber mit strahlenden Augen, ging er an der Leine neben mir her. Oh, war ich glücklich!

Stellt Euch vor, als ich am nächsten Tag zu Zello kam, hatte Onkel Franz doch tatsächlich eine Lederleine gekauft! Das war etwas ganz Besonderes. Für Hunde und Katzen gab man nämlich damals kein unnötiges Geld aus. Und trotzdem hatte er eine neue Leine gekauft!

Ab jetzt gingen Zello und ich täglich spazieren. Er lernte, obwohl er schon alt war, bei Fuß zu gehen und ein Stöckchen zu holen. Am liebsten schlenderte er jedoch mit mir durch die Wälder und schnupperte in aller Ruhe hier und dort. Das war eine wunderschöne Zeit.

Aber irgendwann ist auch das schönste Hundeleben zu Ende, besonders das eines alten Hundes – Zello wachte eines Morgens einfach nicht mehr auf. Da war ich unglücklich. Alle auf dem Hof waren traurig, denn Zello war uns ans Herz gewachsen.

Schon damals, als ich kleiner war als heute, spielte ich gern mit Hunden.

Einem Hof ohne Hund fehlt etwas

Trotz aller Kühe, Kälber, Hühner, Kaninchen und Katzen fehlte uns etwas, und zwar ein Hund. Eines Tages taten die Erwachsenen ganz geheimnisvoll und schickten uns in den Stall. Sie sagten, da würde eine Überraschung auf uns warten. Gespannt hielten wir Augen und Ohren auf. Dann hörten wir es – ein zartes Fiepen. Sollten dort hinten im Stroh etwa junge Kätzchen sein? Leise und vorsichtig gingen wir auf den Strohhaufen zu. Stellt Euch vor, was wir, warm in Stroh eingekuschelt, fanden – einen Welpen! Ein kleiner Hundejunge! Wir waren überglücklich und nannten ihn Arno. Sehr schnell wurde aus diesem süßen Baby ein großer und kräftiger Hund. Arno begleitete uns täglich, war immer mit dabei, passte auf uns auf und wurde unser bester Freund.

Er lernte sogar, die Kühe auf die Weide zu bringen oder sie von dort zu holen, die Herde zusammenzuhalten und sie zu treiben. Das war praktisch, weil er uns dadurch viel Arbeit abnahm.

Jeden Morgen, nach dem ersten Melken, brachten Onkel Franz, Tante Moni und Arno die Kühe auf die Weide. Da gab es frisches Gras, einen Bach und ein paar schattige Plätze, so dass sie es richtig gut hatten. Am späten Nachmittag holten Siggi, Arno und ich sie dann heim in den Stall, wo sie wieder gemolken wurden. Die Kühe freuten sich, die schwere Milch loszuwerden und gingen brav mit uns zurück. Jedenfalls die meisten. Es gab immer ein paar, die noch hier und da einige Gräser am Wegesrand zupfen wollten. Dann lief Arno los, um sie wieder auf den richtigen Weg zu bringen.

Durch Arnos Hilfe hatten wir selber weniger zu tun.

„Bevor ihr nur kichert und herumalbert", sagte Onkel Franz, „tut etwas Sinnvolles. Schaut, welche Kuh hinkt oder verwundet ist. Beobachtet auch, ob eine Streit mit einer anderen sucht. Und das erzählt ihr mir dann."

Schwer war die Aufgabe ja nun nicht und oft gab es auch gar nichts zu sehen und zu berichten.

Schwerer wurde es allerdings, wenn wir all diese Kühe mitten durchs Dorf zum Hof trieben. Stell dir vor, du bist eine dieser Kühe und auf deinem Heimweg sind links und rechts Gärten. In den Gärten wachsen leckere Blumen oder süße Himbeeren. Was würdest du tun? Na klar, du würdest sie essen! Genau das Gleiche taten die Kühe, es sei denn, wir hinderten sie rechtzeitig daran. Schafften wir das nicht, gab es jede Menge Ärger.

Stahles Opa hatte ein Haus mit Garten am Weg. Jedes Mal, wenn wir kamen, lag der Opa schon sprungbereit auf der Lauer. Passten wir nicht auf und es gelang auch nur einer einzigen Kuh, eine Kleinigkeit zu naschen, bekam er einen Wutanfall.

Auch Kuhfladen hatte er nicht gern vor seinem Haus. Wer hat die dort schon gern? Aber irgendwo mussten die armen Kühe ja auch mal müssen dürfen. Der beste Platz für Kuhfladen, so beschlossen wir, war der Hauseingang vom Ollen Breida. Wenn die Kühe hier nicht schnell getrieben wurden, sondern in aller Seelenruhe heimtrotten konnten, dann machten sie. Ich weiß, dass war nicht nett, aber der Olle Breida war ja auch nicht nett. Klatsch, machte es, wenn der Mist auf die Straße vor seiner Haustür klatschte. Klatsch, klatsch, klatsch. Kuhfladen um Kuhfladen. Wir grinsten, beschlossen aber, daheim lieber nichts zu erzählen. Sonst würde es ja doch nur Ärger geben.

Es gab trotzdem Ärger! Es war wie so oft. Irgendeiner hatte uns gesehen und irgendeiner hatte geredet.

Wir holten nicht nur die Kühe von der Weide, sondern kümmerten uns auch um die Tiere. Oft hieß es: „Biggi und Siggi, lauft mal eben in den Rosengarten, schaut nach den jungen Rindern und nehmt Arno mit!"

Jeder denkt jetzt, dass der Rosengarten ein Garten voller Rosen war. So war das aber nicht. Der Rosengarten war ein großes Weidegebiet in der Nähe von Stachelau, wo im Sommer ein paar Jungtiere lebten. Um dahin zu kommen, mussten wir eine Stunde lang laufen. Dort sollten wir dann prüfen, ob noch genug Gras auf der Weide war und frisches Bachwasser zum Trog lief. Ganz wichtig war es auch, dafür zu sorgen, dass die jungen Rinder zutraulich blieben.

Ihr denkt vielleicht, dass Rinder doch von sich aus zutraulich sind. Nein, so war das nicht. Sie verwilderten, wenn sie den Sommer über alleine dort draußen lebten. Da war es wichtig, sie oft zu besuchen, mit ihnen zu sprechen, sie zu streicheln und gut zu ihnen zu sein. Besonders gern mochten sie kleine Brotstückchen und die brachten wir ihnen mit.

Als wir Stückchen für Stückchen Brot an die Rinder, Arno und ein paar vorwitzige Vögel verfüttert hatten, knurrten auch unsere eigenen Bäuche vor Hunger.

Auf dem Rückweg konnten wir an nichts anderes mehr denken, als ans Essen. Abwechselnd schwärmten wir uns gegenseitig von unserem Lieblingsessen vor: Vanillepudding mit Himbeersaft, Grießsuppe und Zwiebackbrösel, Nudeln mit getrockneten Pflaumen, Würstchen, Reibekuchen mit Apfelkompott, Bratkartoffeln mit Spiegelei und so ging es immer weiter. Auf einmal sahen wir Brennnesseln. „Hm, am besten wären Bratkartoffeln und Spiegelei mit Brennnesselspinat!"

Wir beschlossen, unseren Mamas Brennnesseln mitzubringen, damit sie daraus Spinat kochen konnten. Dumm war nur, dass Brennnesseln auf der Haut jucken, wenn man sie anfasst. Wie konnten wir sie bloß ohne Handschuhe pflücken? Und wie konnten wir sie ohne Korb nach Hause bringen? Etwas ratlos standen wir herum. Dann hatten wir auf einmal den weltbesten Einfall.

Wir zogen unsere Socken aus und verwandelten sie in Handschuhe. So pflückten wir eine Brennnessel nach der anderen. Danach zupften wir Binsengras, das in der Nähe eines Baches wuchs. Das ließ sich schön biegen und sogar verknoten. Mit dem Gras banden wir die Brennnesseln zu Bündeln zusammen und diese danach an einen Stock.

Als wir nach Hause kamen, freuten sich unsere Mütter über die frischen Brennnesseln. Am nächsten Tag gab es dann Bratkartoffeln und Spiegelei mit Brennnesselspinat. Das war lecker. Wir alle schlugen uns die Bäuche so voll, bis wir pappsatt waren. Dieses Mal gab es keinen Ärger. Im Gegenteil. Wir bekamen sogar ein dickes Lob dafür, dass wir so tüchtige Mädchen waren.

Arno ärgert sich

Arno und ich strolchten jeden Tag durch die Gegend. Gern saß ich dabei unter der alten Eiche, wo mein Opa vor vielen Jahren schon seine Arbeitspausen gemacht hatte. Mama fragte mich oft: „Was tust du beim Herumstrolchen überhaupt?" „Ich träume", antwortete ich dann. Daraufhin schüttelte sie den Kopf. Sie meinte, ich solle arbeiten, zum Beispiel Unkraut jäten oder Kartoffeln schälen oder sonst wie bei der Arbeit helfen. Papa aber sagte: „Träume sind doch Arbeit! Sie sind eine Vorarbeit für späteres Tun und Lassen." Er lächelte mir zu: „Träum ruhig weiter. Wozu hast du denn deinen Kopf? Mach dir deine eigenen Gedanken." Ich war so froh, dass Papa mich ermunterte. So träumte ich ohne schlechtes Gewissen.

Eines Tages wurde ich aus meinen Träumen gerissen, denn Arno bellte aufgeregt. Er konnte auf viele Arten bellen. Mal aufgeregt, mal froh und auch mal ärgerlich. Ich blickte auf und sah einen Mann in einem dunklen, viel zu weiten Mantel und mit einem schwarzen, arg verbeulten Hut. Er streckte abwehrend die Hände nach vorn und starrte Arno mit großen Augen an.

Ich kannte den Mann! Das war der Mann, der allein im Wald lebte und jeden Mittag im Pallottihaus, dem Kloster der Pallottiner, eine heiße Suppe aß. Ab und zu bekam er dort auch mal eine Jacke oder ein paar Schuhe geschenkt. Alle im Dorf kannten ihn. Er war ‚Dä Ahl', der Alte. Man sagte, dass ein sehr trauriges Schicksal ihn in den Wald, weit weg von allen Menschen, getrieben habe. Ich packte Arno fest am Halsband und bat den Mann um Entschuldigung dafür, dass Arno ihm so einen großen Schrecken eingejagt hatte. Mir tat der Mann sehr leid. Gleichzeitig war ich froh, dass mich Arno vor Menschen, die ihn beunruhigten, warnte und mich beschützen wollte. Als ich wieder zuhause war, erzählte ich Mama traurig von der Begegnung. Sie kannte diesen Mann auch.

„Ach ja, der Mann kann einem leid tun. Mittlerweile ist er wohl menschenscheu geworden. Es ist gut, dass er Hilfe im Kloster bekommt", sie schaute mich an, „aber wer hilft dir, wenn du mutterseelenallein durch die Gegend strolchst? Da kann weiß der Kuckuck was passieren!"

„Aber Mama, was soll schon passieren? Arno ist doch bei mir."

Es konnte aber doch etwas passieren. Beim nächsten Streifzug erst spät am Abend heimzukommen, war gar nicht klug von mir. Es war schon dunkel. Undeutlich sah ich einige Gestalten, die mir entgegenwankten. Beim Näherkommen erkannte ich die Knastrologen. Betrunken torkelten sie nebeneinander über die Dorfstraße. Die vier Männer ließen mich nicht vorbeigehen und machten blöde Faxen.

Ihr wisst sicher nicht, was Knastrologen sind! Nun, das könnt ihr ja auch gar nicht wissen. Denn nur wir im Dorf nannten sie so. Das waren Männer, die aus dem Gefängnis, dem Knast, kamen. Sie lebten in Paulas heruntergewirtschaftetem Gasthof am Ende des Dorfes. Die Wirtin Paula kochte für sie. Aber Paula hatte Haare auf den Zähnen. Sie polterte laut: „Arbeit hilft gegen dumme Gedanken!" Deshalb gab sie den Männern jede Menge zu arbeiten. So mussten sie nicht nur Paulas Schafe versorgen und scheren, den Schafstall ausmisten und das Stalldach flicken, sondern auch Zäune richten, Zaunpfähle herstellen, Holz hacken, Holz stapeln und jede Menge mehr, wozu Paula selber keine Lust hatte. Kein Wunder, dass die Männer viel Bier und Schnaps tranken. Im Rausch konnten sie Paula und all ihre Schafe endlich vergessen.

Betrunken, wie sie waren, ließen sie mich auf der Straße einfach nicht vorbei. Sie machten sich ganz breit, sangen und brabbelten:

„Tjaaaaa, jetzkkkommsssuuuuuunichvobei!"

Und das fanden sie auch noch komisch. Ich aber nicht! Da hättet ihr mal Arno erleben sollen! Er knurrte laut, machte sich groß und zeigte seine Zähne. Sein drohendes Knurren, fast ein Grollen, begriff auch der Allerbetrunkenste. Die Männer wichen erschrocken zur Seite, drückten sich an den Straßenrand und machten uns beiden eingeschüchtert Platz. Was hätte ich bloß ohne Arno gemacht? Gar nichts! Als ich Mama davon erzählte, war sie sehr beunruhigt.

„Biggi", sagte sie sorgenvoll, „es ist besser, wenn ihr beiden nicht bei Dunkelheit nach Hause kommt! Da sieht euch niemand und keiner kann euch helfen. Hast du das gehört? Haben wir uns verstanden?"

Ich nickte, ja, ich hatte es verstanden.

Du sollst keine Hunde schlagen

An Sonntagen zogen wir unsere Sonntagskleidung an. Ja, so etwas hatte man damals. Oma zog sogar ihren guten Sonntagshut auf und packte ihre feine Sonntagsbrille in die Handtasche. So gingen wir zur Kirche. Im Pallottihaus hatte jeder seinen Platz. Oben auf der Orgelbühne saßen die Bauern. Die Leute aus der Stadt saßen unten.

Obwohl ich kein Bauernkind war, saß ich lieber mit Siggi, Franzi, Tante Moni und Onkel Franz oben bei den Bauern. Denn von hier aus konnte ich auf den Pastor, der es sehr gern hatte, wenn die Menschen zu ihm aufschauten, herabschauen. Das war praktisch, denn wenn ich auf ihn runtersah, konnte er sagen, androhen und heraufbeschwören so viel er wollte, seine Worte machten mir dann einfach keine Angst mehr.

Siggi wollte aus einem anderen Grund oben sein. Ihr müsst wissen, dass Kühe und Menschen früher unter einem Dach lebten. Deshalb rochen alle Bauern nach Kuhstall. So ist es als Bauernkind nicht schlimm, genauso zu riechen. Es ist nur dann schlimm, wenn die anderen um einen herum nicht nach Kuhstall riechen. Und unten saßen nun mal die Leute aus der Stadt, die nach allem anderen, nur nicht nach Kuh, rochen.

Plötzlich sah ich unten den Ollen Breida sitzen, obwohl er doch Bauer war. Wollte er dort sein, wo ihn keiner kannte? Schämte er sich vor uns, weil er Hunde, Kühe und Kinder schlug? Mein Blick fiel direkt auf seine Glatze. Die glänzte und glitzerte wie poliert. Da kam mir eine Idee. Zugegeben, es war eine dumme Idee. Eine sehr dumme. Aber Ideen kommen nun mal aus dem Nichts, ganz egal, wie sie sind.

Die dumme Idee war:
„Jetzt spucke ich ihm auf die Glatze!"
Da stupste mich jemand an. Dieser Jemand war Onkel Franz. Er hatte mich durchschaut und warf mir einen warnenden Blick zu. „Hm", ich dachte nach. Es war wohl besser, nicht jede dumme Idee in die Tat umzusetzen. So beschränkte ich mich eben nur aufs Beobachten. Der Olle Breida stand ganz still. Ob er sein Brüllen und Prügeln bereute? Ob er sich gerade vornahm, seine Hunde, Kühe und Kinder nicht mehr zu schlagen? Wer weiß?

Die Geschichte vor der Geschichte

Als Mama jung war, arbeitete der Knecht Werner auf dem Hof. Und Werner hatte ihr diese gruselige Geschichte erzählt:

„Hinterm Berg, zwischen Pallottikloster und Hof Siele, da hat sie sich befunden, die Wolfeskuhle. In uralten Zeiten fing man hier, in einem tiefen Erdloch, Wölfe. Einst stand in der Nähe dieser Wolfeskuhle auch ein Bauernhof. Es heißt, dass der Bauer voller Jähzorn und Bosheit gewesen sei. Er lebte dort mit seiner Frau, den Kindern, Mägden und Knechten. Diese hatten mehr Angst vor ihm, als vor den Wölfen.

Zur Weihnachtszeit, am Heiligen Abend, wollten nun die Frau, die Kinder, die Mägde und die Knechte gemeinsam zur Christmette ins Kloster gehen. Doch der Bauer verbot es. Er wütete und tobte, die Arbeit täte sich nicht von allein und sie alle sollten gefälligst zuhause bleiben und ihre Arbeit tun. Da aber trat seine Frau vor und sagte mutig, dass an diesem hohen Festtage ein jeder Mensch zur Kirche gehen dürfe und die Arbeit ruhen müsse. Da fluchte der Bauer: ‚Christtag ist Misttag!'

Voller Entsetzen wichen sie alle vor ihm zurück. Dann flohen sie so schnell sie konnten aus dem Haus und hasteten durch den Schnee zum Kloster. Ihr Weg führte an der Wolfeskuhle vorbei. Hier, nahe der Kuhle, setzten sie ihre Schritte mit Bedacht. Zu groß war die Angst, in die Kuhle zu fallen, die irgendwo unter Schnee, Laub und Wurzelwerk verborgen war. Trotz aller Schreckensbilder und Hindernissen erreichten sie das Kloster unversehrt und feierten voller Andacht das Fest von Christi Geburt.

Nachdem das Lied ‚Der alte Zimmermann', das nur zur Weihnachtszeit am Ende des festlichen Gottesdienstes auf der Orgel gespielt wurde, verklungen war, machten sie sich auf den Heimweg durch die Nacht. Doch was leuchtete da im Dunkeln? Erstrahlte dort wahrlich ein Komet oder waren es gar die Engel des Herrn? Ein Leuchten wie von tausend Feuerfackeln erhellte das Dunkel der Nacht. Sie eilten auf das Licht zu, immer näher kamen sie dabei dem eigenen Hof. Doch was war das? Wo war der Hof? Leere empfing sie. Alles war bis auf die Grundmauern abgebrannt. Nur glühendes Balkenwerk und heiße Asche waren geblieben. War das die Strafe für den Fluch des Bauern?

Nicht nur der Hof war verschwunden. Es verschwanden mit ihm auch der Bauer und bis zum heutigen Tag die Wölfe.

Die Bauersfrau aber, ihre Kinder, die Mägde und die Knechte wurden von den Nachbarn zum Weihnachtsessen geladen und lebten glücklich bis ans Lebensende.

Die Wolfeskuhle muss heute immer noch irgendwo unter Laub und Wurzelwerk zu finden sein."

4. Vom Unglücksraben und Glücksschweinchen*

* In der folgenden Geschichte gibt das Glücksschweinchen Sätze unserer Oma wieder.

Als wir Zäune machten

„Ich gehe spielen", sagte ich zu Mama und hüpfte gut gelaunt zum Bauernhof von Onkel Franz. Ich freute mich darauf, mit den anderen Dörfers Kindern wieder einen spannenden Tag zu erleben. Wie erstaunt war ich, dass niemand dort war. Kein einziges Kind.

Nur Onkel Franz war da. Aber der zählte nicht, denn er war ja kein Kind.

„Die Jungs sind alle zum Fußballtraining und Siggi musste zum Zahnarzt", sagte er.

„Oje, und jetzt?"

„Du kannst mir helfen. Ich brauche jemanden, der beim Zäunemachen anpackt."

Ihr wisst sicher nicht, was es bedeutet, Zäune zu machen. Nun, das zu erklären ist leicht. Es zu tun, ist nicht so leicht. Also: Damit Kälbchen, Rinder, Kühe, Stiere, Schafe oder auch Pferde auf ihren Weiden bleiben, muss ein Zaun drum herumgezogen sein. Erstens ist es so leichter, sie im Auge zu behalten, und zweitens mögen die Menschen aus der Stadt, die sich bei uns auf dem Land erholen wollen, Tiere hinter Zäunen einfach lieber.

Ich kletterte eilig und voller Vorfreude zu Onkel Franz auf den großen Traktor. Hier roch es gut nach Tabak, Maschinenöl, Leder und sogar ein bisschen nach Kuh. Ich mochte den Geruch von Kühen sehr. Onkel Franz startete den Motor und wir tuckerten bedächtig durchs Dorf. Dann fuhren wir über einen holprigen Feldweg zum ‚Speckstück' – einem Weidegebiet mit einem lustigen Namen. Der Traktor wurde abgestellt und wir gingen langsam am Zaun entlang und schauten, wo etwas repariert und wo neue Zaunpfähle eingesetzt werden mussten. Die Rinder und der Stier, die auf der Weide fraßen, beobachteten uns neugierig. Sie interessierten sich sehr für das, was wir taten.

Onkel Franz zog danach einen alten und morschen Pfosten aus der Erde heraus. Dann steckte er einen neuen auf. Meine Arbeit war es, den Pfosten festzuhalten, damit Onkel Franz ihn mit einem richtig großen Hammer in die Erde schlagen konnte. Ich reichte ihm auch Drahtrollen und Werkzeug an, wenn er sie brauchte. Bis dahin fanden uns die Rinder und der Stier wohl sehr langweilig. Aber dann ertönte der erste Hammerschlag und alles änderte sich.

Rumms!

Es gab einen lauten Schlag. Und dann noch einen.

Rumms!

Mit jedem Schlag trieb Onkel Franz den Pfosten tiefer in die Erde.

Rumms!

So ging das Schlag auf Schlag. Pfosten für Pfosten. Das war ein gewaltiger Lärm, das kann ich Euch sagen. Onkel Franz stand bei der Arbeit innerhalb der Weide und ich stand hinter dem Zaun. Ich machte gerne Zäune. Ich machte eigentlich alles gerne, was es auf dem Hof zu tun gab. Und da gab es immer viel zu tun! Ich fand, dass jede Arbeit Spaß machen konnte, wenn man sie zu zweit oder zu mehreren tat.

„Nicht träumen! Festhalten", hörte ich Onkel Franz plötzlich schimpfen.

Sofort war ich hellwach, hörte auf zu träumen und packte den Pfosten. Gewissenhaft hielt ich nicht nur ihn, sondern auch die Rinder und den Stier im Blick. Und das war gut so. Nicht so gut war, dass der Stier grummelte und brummte. Er schaute ständig in unsere Richtung.

„Du, bei dem Lärm wird der Stier unruhig", sagte ich zu Onkel Franz.

„Nein, nein, der bleibt ruhig und friedlich."

Onkel Franz stand mit dem Rücken zur Herde, ich aber sah die Tiere. Und das, was ich sah, gefiel mir gar nicht. Überhaupt nicht. Der Stier setzte sich nämlich tief muhend in Bewegung und ging auf uns zu.

„Du, der Stier bekommt schlechte Laune und kommt her."

„Jaja, so schlimm wird die Laune schon nicht werden", sagte Onkel Franz und tat in aller Ruhe seine Arbeit.

Jetzt ging der Stier schneller und kam mit einem dumpfen, ärgerlichen Muhen direkt auf uns zu. Mir wurde mulmig zumute.

„Du, der Stier wird ärgerlich und kommt direkt auf uns zu."

„Jaja, lass ihn kommen", murmelte mein Onkel, ganz auf seine Arbeit konzentriert.

„Kräächz, oh weh!"

Und der Stier kam! Er kam immer näher! Er lief jetzt bedrohlich schnell. Bei jedem Hammerschlag wurde er zorniger und schneller. Er war nur noch wenige Meter von uns entfernt.

„Der Stier wird böse! Onkel Franz! Jetzt komm endlich hinter den Zaun!"

Warum nur hörte Onkel Franz nicht auf mich? Warum reagierte er nicht? Warum überhaupt hören die Großen nicht auf uns Kleine? Da senkte der Stier den Kopf und fetzte wütend sein Horn durchs Gras – nur ein oder zwei Schritte hinter meinem Onkel.

„Komm! Der greift an!"

Endlich reagierte mein Onkel. Ein Blick über die Schulter – und er ließ sich blitzschnell ins Gras fallen. Zack rollte er unter dem Stacheldrahtzaun hindurch. Zack machte der Stier einen Satz nach vorn. Zack bohrte er das Horn tief in die Erde, haargenau an der Stelle, wo vor einer Sekunde noch der Rücken meines Onkels gewesen war. Wutschnaubend riss er das Horn heraus. Schüttelte sich. Warf dabei Grasbüschel und Erdklumpen durch die Luft. Brüllend und mit dem Huf scharrend wühlte er immer mehr Erde und Gras auf. Er stierte uns an, als wolle er mit all seiner Kraft durch den Zaun brechen und uns niederstoßen.

Mein Onkel und ich schauten uns an. Keiner sprach ein Wort. Auch so war alles gesagt. Der friedlichste Stier kann rasend werden, wenn ihn die Wut packt. Wir regten uns nicht. Standen bewegungslos da. Stille kehrte ein. Es roch nach Erde und Gras. Fliegen schwirrten herum. Ab und zu ließ der Stier noch ein grollendes Muhen hören, so als wollte er sagen, dass wir ihn und seine Herde gefälligst in Ruhe lassen sollten.

Nach einer bangen Weile gingen Onkel Franz und ich langsam, Schritt für Schritt zurück. Schweigend. Ließen Drähte, Werkzeuge und die neuen Pfosten einfach liegen. All das würden wir später holen. Ich dachte, wie gut es doch war, dass ein Großer endlich mal auf eine Kleine gehört hatte.

„Die Größe tut es nicht allein, sonst holt die Kuh den Hasen ein!"

Badewetter, und was da alles passierte

Badeplätze gab es viele bei uns. Es gab den Fluss, das Freibad und den Biggesee. Manchmal ärgerte mich Hannes und sagte: „Biggisee", aber dann tat ich so, als hätte ich nichts gehört. Meistens gingen wir zum Fluss. Da bauten wir dann zuerst einen Kump. Das ist ein Tümpel, der entsteht, wenn der Fluss mit vielen Steinen gestaut wird. Wir hatten Glück, dass es bei uns so viele Steine gab! Steine gab es massenhaft. Bei jeder Kartoffelernte wurden mehr Steine als Kartoffeln aus der Erde gepflügt. Dann sagte Oma immer, wir wären steinreich.

Franzi, Hannes, Stahle und Alfred schleppten die dicksten Steine heran. Sie meinten, dass sie die stärksten Steineschlepper und besten Kumpbauer im ganzen Dorf wären.

Als Stahle unsere Steine sah, lachte er und sagte: „Hahaha, guckt mal, was für kleine Steine die Mädchen tragen, richtige Winzlinge."

Das fanden wir blöd von Stahle. Dann lachte Alfred auch über uns. „Hahaha, mehr können Zwerge eben nicht tragen!" Da fanden wir, dass Alfred auch nicht besser als Stahle war, nur anders blöd. Richtig blöd. Wir waren keine Zwerge!

„Ihr redet den größten Blödsinn", sagte ich. „Ohne kleine Steine zwischen den großen fließt das Wasser durch die Lücken hindurch! Nur mit kleinen Steinen wird die Mauer dicht. So, damit ihr's nur wisst!"

So war es dann auch. Nachdem wir uns gegenseitig genug beschimpft hatten, bauten wir gemeinsam mit großen und kleinen Steinen eine gute Staumauer. So entstand langsam ein Kump.

Dann kam der große Tag. Unserer Mütter hatten uns Handtücher, Himbeersaft, Butterbrote, sogar Schokolade und lauter gute Ratschläge mit auf den Weg gegeben.

„Vergesst die Sonnenmilch nicht, sonst gibt es einen Sonnenbrand", sagte Mama.

„Lasst die Badeanzüge nicht auf der Haut trocknen, sonst bekommt ihr eine Erkältung", mahnte Tante Moni.

„Springt nicht kopfüber ins Wasser, sonst landet ihr mit dem Kopf auf einem Stein", meinte Oma.

Was sonst noch gesagt wurde, weiß ich nicht mehr. Es ging bestimmt auch um etwas, das ganz Schlimmes zur Folge haben würde, sollten wir es nicht befolgen. Dann ging es los.

Der Weg zum Kump war lang. Wir mussten zuerst durchs Dorf gehen. Dann über einen Feldweg und noch über eine große Wiese laufen. Endlich kamen wir an. Ganz verschwitzt. Wir freuten uns darauf, uns im Wasser abzukühlen. Doch was war das? Da badete ja schon jemand! In unserem Kump! Es war Uta, die Metzgerstochter.

„Kommt bloß nicht ins Wasser", rief sie. „Hier ist eine fürchterliche Sache passiert."

„Was denn für eine Sache?", fragten die Jungs.

„Ja, habt ihr denn nicht das Neueste gehört?"
Natürlich hatten wir das Neueste nicht gehört.
Wir blieben fragend am Ufer stehen.

„Habt ihr nicht den Schrei gehört?"
Natürlich hatten wir den Schrei nicht gehört.
Wir schauten sie neugierig an.

„Gestern Abend in der Dämmerung hat meine Mama hier gebadet", flüsterte sie und tat sehr geheimnisvoll.

Wir starrten sie an. Ihre Mutter badete in unserem Kump? Ihre Mutter badete am Abend? In der Dämmerung? Allein? Welche von unseren Müttern würde denn so etwas tun? Und was hatte das mit einem Schrei auf sich?

„Mütter tun so etwas nicht", rief Hannes.

Uta achtete gar nicht auf ihn, sondern sah uns merkwürdig an.

„Und stellt euch vor, da ist ihr eine Ratte auf den Rücken gesprungen", raunte sie. „Deshalb hat meine Mutter geschrien."

„Iiiiiihhhh", rief ich erschrocken, „wie ekelig!" Ich bekam eine Gänsehaut, obwohl es warm war.

„Du schwindelst", riefen die Jungs, „das ist alles gar nicht wahr."

„Du willst uns ja nur für dumm verkaufen", sagte Siggi, „aber wir sind nicht dumm."

Uta grinste uns nur an und plantschte vergnügt im Wasser. Sie hatte den gesamten Kump ganz für sich allein.

„Pah", riefen die Jungs, „du lügst! Du willst das Wasser bloß für dich allein haben! Aber daraus wird nichts! Wir kommen!"

Platsch, platsch, platsch – und schon waren Siggi und die Jungs im Wasser. Nur ich nicht.

„Na, komm schon rein", rief Franzi. „Hier ist keine Ratte!"

„Stell dich doch nicht so an, du Angsthase", lachte Alfred.

„Nun komm", meinte Siggi. „Glaub mir, hier ist keine Ratte."

„Nein, ich habe keine Lust mehr zu baden", sagte ich leise.

Das stimmte nicht ganz. Die Wahrheit war, dass ich Angst vor einer Ratte hatte, die es in Wirklichkeit wohl gar nicht gab. Hm, wie seltsam war das denn?

Am Abend, vor dem Zubettgehen, erzählte ich Mama und Papa davon, denn die würden sich bestimmt mit so etwas Seltsamem auskennen. Papa erklärte mir, dass ich viel Fantasie hätte und mir dadurch etwas genau vorstellen könnte. Mama meinte, das sei ja alles schön und gut, aber ich solle meinen Kopf gefälligst nicht nur zum Vorstellen, sondern auch zum Nachdenken benutzen. Schließlich beiße die Ratte, die ich mir vorstellen würde, nicht wirklich in meinen Zeh!"

Da mussten wir lachen und alles war gut. Bevor ich einschlief nahm ich mir fest vor, dass ich morgen mit den anderen Kindern im Kump baden würde. Und wie ich baden würde! Ach, das würde ein Spaß werden. Am nächsten Tag gingen wir wieder zum Kump. Wir dachten, dass Uta wie am Tag zuvor bereits dort sein würde.

Also riefen die Jungs schon von Weitem: „Platz da, wir kommen!"

Ihr Geschrei war allerdings völlig überflüssig, denn als wir ankamen, war niemand zu sehen. Uta war nicht da. Sie hatte wohl keine Lust darauf, sich das Wasser mit anderen Kindern zu teilen. Vielleicht hatte sie aber auch gelogen und schämte sich jetzt.

„Lügen haben kurze Beine."

Franzi rief übermütig: „Wer zuerst im Wasser ist, hat gewonnen!"

Oh, wie wir uns beeilten aus unseren Schuhen und Strümpfen raus- und ins Wasser reinzukommen. Die Jungs waren schneller als wir, aber das machte nichts. Sie spritzten uns nass, und als wir im Wasser waren, spritzten wir auch mit Wasser, obwohl die Jungs schon nass waren. Einfach, weil es so spaßig war. Siggi und ich übten dann, einen Handstand im Wasser zu machen, und die Jungs probierten, kleine Steinchen mit ihren Zehen aufzuheben. Das alles sah sehr witzig aus und wir hatten einen sehr lustigen Badetag miteinander!

Wie aus Spaß Ernst wurde

Jetzt will ich euch erzählen, wie ich beinahe ertrunken wäre. Aber nur beinahe, denn sonst könnte ich euch ja nicht davon erzählen.

In unserer Nähe gab es ein Freibad. Es war ein großes Bad und hatte Bereiche für Babys, für Nichtschwimmer und für Schwimmer.

Im Sommer war hier immer jede Menge los. Im Frühling aber auch, nur etwas anderes. Wir wussten das, weil wir uns heimlich ins Bad geschlichen hatten. Nicht, um zu baden, nein, dafür war es im Frühjahr zu kalt, sondern um Frösche zu beobachten.

Eines Tages hatten wir zufällig ein Loch im Zaun der Badeanstalt entdeckt und waren heimlich hindurchgestiegen. Da stießen wir auf viele Frösche. Jede Menge Frösche. Sie hüpften überall am Beckenrand herum oder hopsten den schrägen Einstieg ins Babybecken hinab. Nicht nur Frösche, auch haufenweise Froschlaich erspähten wir im Wasser. Oh, war das aufregend. Ab jetzt kamen wir regelmäßig hierher, um zu sehen, wann die jungen Kaulquappen geschlüpft waren. Ein paar Wochen später war es dann so weit. Viele kleine süße Kaulquappen wuselten bereits umher und fraßen sich an Algen satt. Nur gut, dass es so viele Algen im Freibad gab, da fanden sie genug zu fressen und konnten schnell wachsen. Bald würden sie sich zu winzigen Fröschen entwickelt haben. Im Sommer, wenn die ersten Badegäste kamen, würden sie längst in den nahen Wald gehüpft sein.

Im Sommer war das Loch im Zaun leider verschwunden. Irgendwer hatte ihn repariert. Also zahlten wir Eintrittsgeld, wie es sich gehörte. Ich dachte, dass es bestimmt lustiger gewesen wäre, durch den Zaun zu schlüpfen, um mit dem Eintrittsgeld Himbeerbrause zu kaufen. Aber Mama und Papa hätten das bestimmt nicht lustig gefunden.

Als wir alle unsere Badesachen anhatten, sprangen die Jungs sofort ins kalte Wasser und taten so, als würde ihnen die Kälte nichts ausmachen. Die Angeber! Mama hatte gesagt, wir sollten langsam ins Wasser steigen, damit sich der Körper an die Temperatur gewöhnen konnte. Siggi und ich stiegen also zuerst ins Babybecken, um uns langsam abzukühlen. Dort mussten wir allerdings das Wasser genau beobachten. Ihr wisst ja selbst, dass kleine Kinder schon mal Pipi ins Wasser machen und dass das Wasser an dieser Stelle gelb wird. Wenn wir also gelbes Wasser sahen, beschlossen wir, dass wir uns genug abgekühlt hatten.

Da der Bademeister, anstatt aufzupassen, Eintrittskarten und Süßigkeiten verkaufte, konnten wir tun und lassen, was wir wollten. Und wir wollten uns nun mal unbedingt gegenseitig vom Beckenrand des Schwimmerbeckens ins Wasser schubsen. Dass ausgerechnet das strengstens verboten war, war uns ziemlich egal. Rein ins Wasser, raus aus dem Wasser und wieder rein ins Wasser. So ging es eine ganze Weile. Es war eine Riesengaudi.

„Krääächz, oh weh!"

    Plötzlich, gerade als ich wieder ins Wasser geschubst worden war, flog etwas auf mich zu. Etwas Großes. Etwas Schweres. Es landete auf meinem Rücken. Hing an meinem Hals. Klammerte sich fest. Drückte mich unter Wasser. Ich konnte nicht mehr auftauchen, so sehr ich auch versuchte, an die Wasseroberfläche zu schwimmen. Das große Schwere und ich sanken nieder. Es ging tiefer und tiefer mit uns. Es wurde dunkler und dunkler. Irgendwann jedoch fühlte ich den Boden unter meinen Füßen. Da stieß ich mich fest ab.

    Ich kam nach oben. Luft! Endlich konnte ich Luft holen. Aber dann, wie schrecklich, wurde ich wieder unter Wasser gepresst. Das große Schwere drückte mich erneut nach unten.

    Beim Luftholen hatte ich deutlich gesehen, wie Siggi und die anderen Kinder am Beckenrand knieten und ihre Hände nach mir ausstreckten. Bekäme ich doch nur eine dieser Hände zu fassen. Eine einzige. Das Schwere hielt mich allerdings unter Wasser fest und ließ mich nicht los.

Irgendwann umgaben mich Luftblasen. Zart schimmernde Luftblasen. Sie sahen aus wie Seifenblasen. Blubberten freundlich und leuchteten im Dunkeln. Strahlend helle Luftblasen. Sie wurden immer heller und brachten Licht in das dunkle Wasser.

„Lieber Gott", dachte ich, „wenn ich jetzt sterbe, dann lass Mama und Papa nicht weinen."

Ich selber war gar nicht traurig. Es war ja alles so schön hell hier. In dem Moment spürte ich wieder den Boden unter meinen Füßen.

„Gut, lieber Gott", dachte ich, „wenn du mich noch nicht haben willst, dann komme ich eben später zu dir."

So stemmte ich noch einmal meine Füße auf den Boden und stieß mich mit all meiner Kraft ab. Hui, da ging die Post ab. Das große Schwere klammerte sich nicht länger an mich. Schnell wie ein Pfeil flog ich durchs Wasser. Ich schoß nach oben und endlich konnte ich Luft schnappen! Ha! Das tat gut. Dann schwamm ich langsam und sehr schlapp zum Beckenrand. Siggi half mir, aus dem Wasser zu klettern, denn allein schaffte ich es nicht. Endlich draußen, kniete ich dort benommen, schlaff wie ein leerer Kartoffelsack, zitterte und keuchte.

„Gut, dass Mama und Papa nun nicht weinen müssen", dachte ich und stakste nach einer Weile auf unsicheren Beinen nach Hause.

„Auf Regen folgt Sonnenschein."

„Kind", rief Mama erschrocken, „was ist passiert?"
Mama wusste sofort, dass etwas passiert war, denn sonst kam ich ja nie barfuß und mit nassem Badeanzug daheim an. Vor lauter Schreck setzte sie sich erst einmal hin und zog mich auf ihren Schoß. Ich lehnte mich an Mama und weinte und weinte. Stockend und schluchzend erzählte ich von dem Großen und Schweren. Mama fackelte nicht lange. Das tat sie nie. Sie steckte mich ins Bett, machte mir einen heißen Kakao, brachte mir eine Wärmflasche und mein Lieblingsbuch.

Sie streichelte mir übers Haar und sagte: „Ruh dich aus, danach sieht die Welt wieder anders aus."

Ich schlief ein, und als ich wach wurde, da sah die Welt wirklich anders aus. Während ich schlief, war Siggi zu Mama gekommen und hatte ihr mein Handtuch, meine Kleidung und meine Schuhe gebracht und ihr erzählt, dass das Große und Schwere ein zehnjähriges Mädchen gewesen war. Es war ins Wasser geschubst worden und zufällig auf mich gefallen. Es hatte sich ängstlich an mich geklammert, weil es nicht schwimmen konnte. Dass es das nicht konnte, hatte aber niemand gewusst.

Siggi sagte, dass Schröder, ein Junge aus der Stadt, das Mädchen gerettet hatte. Ich kannte Schröder. Er war etwas älter als wir und half seinem Onkel in unserem Dorf bei der Arbeit. Manchmal spielte er auch mit uns, aber meistens nicht. Wir waren ihm wohl zu jung.

„Mama", sagte ich, „wenn Schröder nicht im Bad gewesen wäre, dann wäre das Mädchen bestimmt ertrunken."

„Hat denn der Bademeister nichts gehört oder gesehen?"

„Nein, der hat Eintrittskarten und Süßigkeiten verkauft."

„Ja, passt der denn gar nicht auf euch Kinder auf?"

Ich schüttelte den Kopf und druckste herum: „Wir haben aber auch etwas Verbotenes getan, wir sind vom Beckenrand gesprungen."

„Kinder sind Kinder! Kinder machen Unfug und müssen im Bad beaufsichtigt werden!"

Sie war sehr zornig. So hatte ich sie noch nie erlebt. Sie meinte, sie würde das alles mit Papa besprechen. Immer, wenn Mama etwas mit Papa besprach, hatte das Folgen. Am nächsten Tag sagte Papa:

„Was hältst du davon, in den Olper Schwimmverein zu gehen?"

„Wieso denn das? Ich kann doch schwimmen", meinte ich.

„Es geht nicht nur ums Schwimmen, sondern auch darum, Rettungsschwimmer zu werden. In der Deutschen Lebens-Rettungs-Gesellschaft lernst du, wie du einen Menschen aus dem Wasser retten kannst."

„Dann kann ich ja das Gleiche wie Schröder tun", rief ich, „das ist eine gute Idee. Das mache ich!"

Regenwetter, und was da alles passierte

Nach einigen Wochen voller Sonnenschein freuten wir uns über den Regen. Bei Regenwetter erlaubte uns Onkel Franz, in der Scheune zu spielen.

„Kommt, wir klettern auf den Heuboden und bauen Höhlen im Heu", rief Franzi. Das klang spannend. Schnell kletterten wir die Leiter zum Heuboden hinauf. Wir bauten zwei große Höhlen. Eine für die Jungs und eine für uns. Unsere Höhle hatte sogar ein Fenster mit einer Gardine. Es war keine echte Gardine, sondern nur ein alter Kartoffelsack mit einem Riss, aber das störte uns nicht. Im Gegenteil. Denn durch diesen Riss konnten wir, gemütlich in unserer Höhle sitzend, die Jungs beobachten. Jungs zu beobachten ist allerdings nur am Anfang lustig. Auf Dauer wird es langweilig. Vor allem dann, wenn die Jungs nicht mehr wissen, was sie spielen sollen, und nur rumsitzen, Langeweile haben und anfangen, sich gegenseitig zu ärgern.

Es regnete immer noch. Es hörte gar nicht mehr auf zu regnen. Wir meinten, dass es nun mal genug geregnet hätte. Schließlich waren unsere Höhlen doch längst fertig gebaut.

Da rief Franzi: „Ich weiß, was wir jetzt machen! Wir springen durch die Luke ins Heu! Das macht ganz viel Spaß!"

Ich glaube, das mit der Luke muss ich euch erklären. Die Luke war eine viereckige Öffnung im Heuboden. Hierdurch wurde das Heu in den darunter liegenden Stall geschoben. Es fiel dann direkt vor den Futtertrog, so dass Onkel Franz es mit der Heugabel ruckzuck in den Trog schaufeln konnte. Im Stall unter dem Heuboden lebten junge Stiere. Onkel Franz hatte bereits frühmorgens eine große Menge Heu durch die Luke vor deren Trog geschoben. In diesen Heuhaufen wollten wir nun springen.

„Krääächz, oh weh!"

Franzi hatte gesagt, es würde ganz viel Spaß machen, und er hatte recht. Es machte einen Riesenspaß! Wie die Wilden sprangen wir abwechselnd durch die Luke runter in den Heuhaufen, wühlten uns prustend und lachend heraus, huschten zur Leiter, kletterten flink wie die Wiesel wieder hinauf und sprangen erneut runter ins Heu. War das lustig! Aber dann geschah es.

Als Franzi wieder mit einem lauten Gejuchze sprang, wurde einer der jungen Stiere wütend. Plötzlich, ohne Vorwarnung, machte er einen gewaltigen Sprung auf Franzi zu.

Schepper! Der Stier hatte seine Hörner mit voller Kraft gegen das Stallgitter geschmettert. Es schepperte ohrenbetäubend! Uns hatte der Schreck die Sprache verschlagen. Gut, dass das Gitter aus Metall gebaut war und die Stiere nicht aus ihrem Stall herauskommen konnten. Dann sagte Siggi entschieden:

„Schluss jetzt! Wir hören sofort mit der Springerei auf! Wir machen ja die Stiere wild."

Die Jungs maulten herum und meinten, ein Mädchen hätte ihnen gar nichts zu sagen. Aber wo Siggi recht hatte, da hatte sie recht. Und das mussten die Jungs schließlich auch einsehen. Alfred schlug vor, im Geräteschuppen seines Papas, wo es nur Gerümpel und keine Stiere gab, weiterzuspielen. Eine gute Idee! Als wir aus der Scheune hinausgehen wollten, liefen die Jungs ein paar Meter vor uns her. Sie flüsterten leise miteinander und tuschelten. Das war verdächtig. Sie kicherten verstohlen und drehten sich grinsend nach uns um. Das war noch verdächtiger. Hier hätten wir misstrauisch werden sollen. Zu spät! Mit einem Satz waren sie aus dem Scheunentor hinaus, verriegelten es von außen und sperrten uns ein.

„Hahaha, reingelegt, reingelegt", lachten sie.

„He", riefen wir, „macht auf, lasst uns raus!"

„Haha, viel Spaß in der Scheune!"

„Jaha, viel Spaß mit den Mäusen!"

„Und mit den Spinnen, hahaha!"

Und weg waren sie. Wir rüttelten am Tor. Klopften. Riefen. Schrien. Doch niemand öffnete. Wir saßen fest. Eingeschlossen. Die Jungs ließen uns einfach nicht heraus. So eine Gemeinheit! Aber wir wollten raus, wir wollten unbedingt heraus!

„Alles, was ich will, das kann ich auch."

Außer dem Scheunentor und einem vergitterten Fenster gab es nur eine einzige Stalltür. Die befand sich ausgerechnet hinter den aufgeregten Stieren. Da trauten wir uns nicht raus.

„Jetzt müssen wir wohl im Heu schlafen", sagte Siggi.

„Wenn wir heute Abend nicht in unseren Betten liegen, machen sich unsere Eltern Sorgen und das will ich nicht."

„Willst du etwa wie ein Gespenst durch die Wand gehen?"

„Nein, wir graben uns einfach unter der Wand hindurch!"

Da der Scheunenboden aus gestampftem Lehm und die Wand aus Holzbrettern bestand, konnte es funktionieren. Sofort machten wir uns auf die Suche nach Werkzeug. Irgendwo würde es schon einen Spaten oder eine Hacke geben. Solange wir auch suchten, es gab nichts anderes als Heugabeln. Naja, besser als nichts. Mit den Heugabeln stocherten wir im Lehm herum und lockerten nach und nach den Boden auf.

Danach gruben wir mit den Händen ein Loch. Und wie wir gruben. Wir buddelten wie die Maulwürfe, bis aus einem kleinen Loch ein großes wurde. Das dauerte sehr lange. Endlich war es so weit, dass es groß genug für uns war. Wir schlängelten uns unter der Scheunenwand her. Eine nach der anderen. Geschafft! Wir waren dreckig, von oben bis unten voller Lehm, aber frei und sehr glücklich! Onkel Franz war allerdings gar nicht glücklich, als er das Loch entdeckte.

Warum ich einen Salto schlug

Nachdem uns die Jungs in der Scheune eingesperrt hatten, wollten wir erst einmal nichts mehr mit ihnen zu tun haben. Siggi und ich taten etwas für uns ganz allein. Etwas, das die Jungs nicht konnten. Nämlich Rollschuhlaufen! Die Jungs fanden Rollschuhe doof. Ich glaube, sie fanden die nur doof, weil es ihnen nicht gelang, mit ihnen zu laufen. Und so liefen wir zwei in aller Ruhe auf der Dorfstraße hin und her, drehten dazu sogar Kreise und übten auch rückwärtszulaufen. Das war mit Rollschuhen gar nicht so leicht.

Bevor ich weiter erzähle, will ich euch unsere Dorfstraße beschreiben. Links und rechts von der Straße waren Stacheldrahtzäune, dahinter befanden sich Viehweiden. Auf der einen Seite standen der Hof von Onkel Franz und Geylen Schöppchen, das war der Geräteschuppen von Alfreds Papa. Auf der anderen Seite befand sich ein kleines Haus. Dahinter eine Seitenstraße. Und daher kamen sie.

„Krääächz, oh weh!"

Zuerst hörten wir sie nur. Dann sahen wir sie. Und schon stürmten sie aus der Seitenstraße auf die Dorfstraße. Zwei gewaltige Stiere! Die Hufe schlugen beängstigend laut auf dem Asphalt. Sie rannten direkt auf uns zu. Sie liefen dicht nebeneinander her. Breit wie eine Dampfwalze. So breit wie unsere Straße. Links und rechts blieb kein bisschen Platz mehr. Wohin nur mit Siggi und mir? Zum Glück war der Geräteschuppen direkt in Siggis Nähe. Blitzschnell huschte sie hinein. Kaum war sie darin, da preschten die Stiere schon am Schuppentor vorbei. Siggi war gerettet! Und jetzt? Links ein Zaun, rechts ein Zaun. Dazwischen die Stiere. Wohin mit mir? Wohin? Die Stiere kamen näher. Immer näher. Gleich würden sie mich überrennen.

Ohne nachzudenken, sprang ich kopfüber über einen der Stacheldrahtzäune – plumps – und landete im Weidegras. Wo ich gerade eben noch mit meinen Rollschuhen gefahren war, walzten jetzt die Stiere alles kurz und klein. Direkt hinter mir fühlte ich, wie der Boden beim Stampfen der Hufe bebte, und hörte das Schnauben und Schnaufen. Ich hoffte, dass die Stiere nicht durch den Zaun brachen. Nein, sie hetzten vorbei. Wie betäubt saß ich im Gras. Kopfüber über einen Zaun zu springen hätte ich mich normalerweise nie getraut. Nie! Warum ausgerechnet jetzt? Oma würde nun sagen, dass Angst Flügel verleiht. Vielleicht hatte sie ja recht.

Zitternd stand ich auf und stapfte mit den Rollschuhen durch das Gras. Ein Rollschuh hatte sich gelöst und hing nur noch lose mit einem Riemen am Fuß fest. So ging es mühsam, Schritt für Schritt, auf den Hof zu, wo Siggi und Tante Moni schon auf mich warteten. Tante Moni hatte alles aus dem Küchenfenster mit ansehen müssen, ohne uns helfen zu können. Sie war froh, dass uns nichts passiert war. Sie erklärte uns, dass der Nachbar die Stiere zum Metzger hatte bringen wollen. Die hätten sich aber nicht in den Viehanhänger treiben lassen, sondern wären geflohen.

„Tja, das hätte ich als Stier wohl auch getan", grinste ich.

Siggi und ich lachten. Tante Moni aber sagte, dass so etwas nicht geschehen dürfe. Wütende Stiere seien viel zu gefährlich. Wir waren sehr froh, dass wir der Gefahr entronnen waren.

„Not macht erfinderisch."

Wir singen in der Schola

Wir sangen im Kinderchor des Klosters der Pallottiner. Die Pater des Pallottihauses nannten den Kinderchor ‚Schola'. Wir übten Kirchenlieder ein, die wir später, während der Messe, singen sollten. Nicht, weil wir das wollten, sondern weil unsere Eltern das wollten. Unser Gesang, sagten sie, wäre eine schöne Ergänzung der Messfeier und sie würden uns gern singen hören. Die anderen Erwachsenen, die uns hörten sagten „Ah, wie schön" und „Oh, wie lobenswert". Das machte unsere Eltern stolz. Dadurch wurden wir auch stolz auf uns selbst. Also waren wir gehorsam. Nun ist allzu viel Gehorsam schrecklich langweilig. Das weiß jeder, der das schon mal ausprobiert hat. Und gegen Langeweile muss etwas unternommen werden, fanden wir. Und irgendetwas fiel uns immer ein.

Zum Pallottihaus gingen wir immer alle gemeinsam. Unsere Eltern wollten das so. Sie sagten: „Gemeinsam ist man stark und einer kann dem anderen helfen."

Der Weg führte hinauf zur Kapelle, weiter den Berg hoch, den Berg wieder runter und vorbei an der Wolfeskuhle, die in der Nähe von Hof Siele lag. Samstags, pünktlich um 15 Uhr, wartete Pater Gockelmann in der Kirche auf uns. Dann zückte er die Stimmgabel und gab uns den Ton an, mit dem wir das Lied beginnen sollten. Dabei stellte er sich auf die Zehenspitzen, reckte sich, streckte sich, spitzte den Mund und dann, immer dann passierte es:

Wir lachten.

Und wie wir lachten! Denn wenn er sich so reckte und streckte und den Mund spitzte, sah Pater Gockelmann selbst wie ein Gockel aus.

„Ruhe", krähte er, „was soll der Unsinn? Ihr sollt singen!"

Wieder stellte er sich auf die Zehenspitzen, reckte sich, streckte sich, spitzte den Mund und – wieder prusteten wir los.

„Ihr sollt singen, nicht lachen", krähte der Pater ärgerlich. „Was, verflixt noch mal, ist hier so lustig?"

„In der Kirche darf man nicht fluchen, Herr Pater Gockelmann", sagte Hannes sehr ernst, stellte sich auf die Zehenspitzen, reckte sich, streckte sich, spitzte den Mund und – wir brüllten vor Lachen.

„Schluss jetzt! Wenn ihr euch nicht benehmt, erzähle ich es euren Eltern. Habt ihr das verstanden?"

Ja, das verstanden wir. Ärger daheim war nun das Letzte, was wir wollten. Von da an sangen wir anständig. Nun ja, halbwegs anständig. Versucht mal, nicht zu lachen, wenn ihr lachen müsst, und dabei gleichzeitig zu singen. Dann wisst ihr, wie schwer anständiges Singen sein kann.

„Krääächz, oh weh!"

Nach dem Gesangsunterricht machten wir uns auf den Heimweg. Plötzlich rannten die Jungs weg. Verunsichert blieben Siggi und ich zurück. Wollten sie uns Angst einjagen? Wenn ja, dann war es ihnen gelungen. Ausgerechnet in der Nähe der alten, unheimlichen Wolfeskuhle ließen sie uns allein. Es hieß, dass hier der Geist eines bösen und jähzornigen Mannes umginge. Huh, so allein gruselten wir uns sehr. Ängstlich lauschten wir auf jedes Geräusch und hielten die Augen offen.

„Was machen wir, wenn der böse Geist kommt?", wisperte Siggi.

„Aaaach, der kommt schon nicht."

„Aber wenn er doch kommt?"

„Aaaach, der ko..."

In dem Moment sahen wir den Geist. Wir erstarrten.

„Ist das ein Geist, ein echter?", fragte Siggi leise.

Nein, es war kein Geist, sondern ein echter Mensch. Ein Mann war es. Er ging spazieren, blickte vor sich auf den Weg und hatte uns noch nicht gesehen.

„Was sollen wir tun?", wisperte Siggi. „Ich habe Angst, vielleicht ist der Mann ja auch so böse wie der Geist."

Heldenhaft beschlossen wir, dass wir getrennt voneinander an dem Mann vorbeirennen und uns gegenseitig retten würden, sollte der Mann böse sein und uns überfallen.

„Wenn er dich angreift, laufe ich zu Hof Siele und hole Hilfe", raunte ich tapfer.

„Und wenn er dich angreift, dann hole ich Hilfe im Dorf."

Noch hatte uns der Mann nicht gesehen. Das nutzte Siggi, nahm Anlauf und rannte mutig hinter ihm her. Verwirrt hob der Mann den Kopf. Da erblickte er mich und schaute mich verwundert an. Ängstlich startete ich durch und raste so schnell ich konnte an ihm vorbei. Siggi wartete schon hinter einem Baum versteckt auf mich. Wir sahen zurück. Der Mann setzte in aller Ruhe seinen Spaziergang fort. Er hatte uns gar nicht angreifen wollen. Er war gar nicht böse. Wir hätten gar keine Angst vor ihm haben müssen. Beschämt schauten wir uns an. Die Riesenangst vor dem bösen Geist hatte uns in wahre Angsthasen verwandelt und wir sahen Gespenster, wo es gar keine Gespenster gab.

Nun, da der Schrecken vorüber war, mussten wir über uns selber kichern und trödelten heimwärts.

Da ertönte ein Geschrei. Schon wieder erstarrten wir. Mit einem schrecklichen Gebrüll sprangen die Jungs hinter Bäumen hervor und wollten uns erschrecken. Ach, nur die Jungs, wir atmeten auf! Die hatten wir ja ganz vergessen! Erleichtert ließen wir sie kaspern, rumhampeln und ihre Grimassen schneiden, bis sie aufhörten, weil sie über sich selber lachen mussten.

Alle zusammen kamen wir fröhlich im Dorf an. Jeder, der uns sah, dachte nun, wir hätten anständig in der Schola gesungen. Das hatten wir ja auch anständig versucht!

Ja, langweilig war es uns nie. Es war sehr schön, ein Dörfers Kind zu sein.

„Ende gut, alles gut."

Ende

... oder auch nicht,
denn Kindern fällt immer etwas ein.
Was meint ihr?

Oma
Siggi als Baby
Biggi als Baby

Ein großes Dankeschön an Mama und Papa,
Onkel und Tante, Oma und allen im Dorf,
die ein wachendes Auge auf uns Kinder hatten
und mit Zurechtweisungen nicht sparten.
Natürlich sagte man uns, wo die Grenzen lagen,
auf dem weiten Feld davor waren wir allerdings frei.

Danke für den Halt, den ihr uns gegeben habt!
Danke für unsere Freiheit!

Was in dieser Geschichte anders ist? Einige Namen sind anders, damit alle froh bleiben.

Omas Sprüche

Unsere Oma war
unerschrocken, entschlossen und hatte
für jede Lebenslage einen guten Spruch.
Das Glücksschweinchen
spricht einige ihrer Sprüche aus.
Die, die nicht genannt werden,
sind folgende:

Ohne Fleiß, kein Preis.

Alles, was ich will, das kann ich –
und wenn ich sag,
ich kann das nicht,
dann will ich nicht.

Was du heute kannst besorgen,
das verschiebe nicht auf morgen.

Auf Gottvertrauen und Selbstvertrauen mögest du bauen.

Von nix kommt nix.

Wie man in den Wald hineinruft,
so schallt es heraus.

Frage nicht, was Leute sagen,
handle stets nach deiner Pflicht –
Gott wird nicht die Leute fragen,
wenn er dir dein Urteil spricht.

Des einen Freud, des anderen Leid.

Geteiltes Leid ist halbes Leid.

Wessen Brot ich esse, dessen Lied ich singe.

Mit Speck fängt man Mäuse.

Ein jeder Mensch hat seine Art, versuch ihn zu verstehen,
Gott hat ja auch mit dir Geduld, drum lerne übersehen.
Was dir an anderen nicht gefällt, die Mängel und die Schwächen,
nur Liebe deckt erbarmend zu, die Fehler und Gebrechen.

Lernen ist wie Rudern gegen den Strom,
sobald man aufhört,
treibt man zurück.

Man wächst mit den Aufgaben.
Also ran!

Omas Sprache

Oma sprach Lütterkusener Platt.
Das heißt, dass sie einen Dialekt sprach,
der in Lütringhausen und in der Umgebung gesprochen wurde.
Mit uns Kindern sprach sie hochdeutsch, damit wir, wie sie meinte,
in der Schule keine Schwierigkeiten mit dem Schreiben bekämen.
Platt sprechen können wir Kinder daher nicht,
aber ein paar Ausdrücke haben wir aufgeschnappt.

Miaken, sette diak!
Mädchen, setzt dich!

Verdorri noma, maket de Dore tau!
Verdammt nochmal, macht die Tür zu!

Ich sachet nit nomma, bliff hie!
Ich sage es nicht noch einmal, bleib hier!

Nu komma! Mach hinne!
Nun komm mal! Beeil dich!

Hömma, nu lot dat Röppen sin!
Hör mal, nun lass das Herumgezerre sein!

Samma, nu kuddel nit so!
Sag mal, nun mach das nicht so unordentlich!

Kumma ette hie, et kann wahne wullacken. Mit orndlich Schmackes dahinter!
Schau mal sie hier, sie kann gut arbeiten. Mit viel Kraft!

Sisse, dat habter nu vom Rumramenteren.
Siehst du, das habt ihr nun vom Herumtoben.

Jo, et is strack wech.
Ja, sie ist sehr direkt.

Nä, wat haddet en ahl Düppen op!
Nein, was hat sie für einen alten Hut auf!

Kär, de Blagen! Nur Kappes im Kopp!
Ach, diese Kinder! Nichts als Unfug im Kopf.

Disindimberch.
Die (die Waldarbeiter) sind im Berg (Wald).

Wennse ausm Berch kommen, hammse jehörig Schmacht.
Wenn sie (die Waldarbeiter) aus dem Berg zurückkommen, haben sie großen Hunger.

Wem bisse?
Wessen (Kind) bist du?

Zur Autorin:
Irmhild Haite-Voss kommt aus dem Sauerland – ein Land vieler Berge, Wälder und Seen. Eigentlich wollte sie dieses Kinderbuch vor ca. 30 Jahren für ihre damals kleinen Söhne schreiben. Nun, daraus wurde nichts. Stattdessen gründete sie eine Agentur für Kommunikation und Design. So lesen ihre mittlerweile großen Söhne das Buch eben heute, was ja nicht weiter schlimm ist. Ihr Mann und sie leben auf dem Land zwischen Bergen, Wäldern und Seen, wie könnte es anders sein?

Zum Buch:
Wunderbare Geschichten einer zauberhaften Kinderwelt aus den Siebzigerjahren über Selbstverständlichkeiten, die füreinander sorgende Gemeinschaft, verlässliches Miteinander, das liebevolle Stärken der Kinder und viele Kinderstreiche.
Kleine wünschen, sie könnten dabei sein, und Große wären wohl gern dabei gewesen ...

Impressum
Text, Illustration, Gestaltung: Irmhild Haite-Voss
Produktion, Druckvorstufe: Hans-Peter Schäuble
Lektorat: Dr. phil. Carina Middel
Druck: cpidirect.de
Verlag: WOLL-Verlag, Hermann-J. Hoffe
ISBN: 978-3-948496-71-5
Copyright: Irmhild Haite-Voss

Besuchen Sie uns im Internet unter
www.woll-verlag.de

1. Auflage Oktober 2023